ランニングの作法

ゼロからフルマラソン完走を目指す75の知恵

中野 ジェームズ 修一

はじめに

これからランニングを始める人、走り出したばかりのビギナーに向けて、私はこの本を書きました。

私の仕事はフィジカルトレーナーです。専門家ではない私が、なぜランニングの本を書いたのか。そこから話をさせてください。

私が本格的に走り出したのは、30歳をすぎてからです。きっかけは、ある女性クライアントがロンドンマラソンに挑戦する際、トレーナーとしてお手伝いをしたことでした。

その後、一般ランナーから実業団の選手までのトレーニングをサポートしたりアドバイスしたりするようになりました。そんななか、ランナーの気持ちを理解してより実践的な指導をしたいと思い、自分でも走るようになりました。

そもそも私はランニングなど大嫌いでしたので、最初は仕事の一部として渋々走っていたようなものでしたが、そのうちランニングの面白さに目覚めて、すっかりハマってしまいました。その後、マラソンにも何度か挑戦して、いまはフルマラソンで3時間を切ること（サブスリー）を目標に掲げて、日々トレーニングに励んでいます。

書店に足を運ぶと、元マラソン選手やコーチの方々によるランニングの指南本がたくさん並んでいます。私もそうした本を自分自身の練習やクライアントの指導において参考にしてきました。すると、自分の練習はさておき、私がトレーナーとして伝えるべきことは何なのかを深く考えるようになりました。

そんなとき、昔のことを思い出したのです。

フィジカルトレーナーになる前、私は水泳の選手でした。その後、水泳のインストラクターになったのですが、初心者にうまく指導ができなくて辞めてしまいました。どうして息継ぎが下手なのか、なぜ下半身が沈むのか……。5歳で水泳を始めて以来、何の苦もなく泳げる私にとって、泳げない人の気持ちが正直わからない。だから的確な指導が行えなかったのです。

一方、同じプールのインストラクターに、初心者に教えるのが飛び抜けて上手な先輩がいました。彼は大人になって泳法をマスターした人だったので、自らの経験に照らして初心者の悩みや問題点が手に取るように理解できたのでしょう。

その経験から、私のようにフィジカルトレーナーとしてカラダと運動に対する専門知識があり、大人になってゼロからランニングを始めた人間だからこそ、みなさんに伝えられることがあるのではないかと考えたのです。

もうひとつの執筆の動機は、ケガをしない練習法やケアの方法をマスターしてほしいという思いです。

私の得意分野は、スポーツ障害の予防です。ランニングは手軽なスポーツですが、ケガをしやすいことも事実。フォームや練習法、シューズの選択を間違うと、ランニングでも筋肉や関節の負担になります。

ランニングは長時間行う運動なので、どこかにちょっとでも痛みや違和感があると気になって走れません。60歳になっても、70歳になっても愉しめるスポーツなのに、誤ったやり方で膝《ひざ》や腰を傷めてしまうと、それから先、走れなくなってしまうのです。

そこで、いくつになっても快適に走るために、本書ではカラダに負担をかけない安全なランニングの作法に重点を置いて紹介します。

初心者は、とにかく安全な走り方をマスターしてください。すでに走っていて故障や障害を抱えているランナーは、痛みや違和感を解消する簡単なケアの方法をマスターしてください。そして、最終的には障害を予防しながら着実に練習を積み、フルマラソンの完走を目標にしましょう。

また本書では、随所にランニングを長続きさせるノウハウを盛り込みました。トレーニングは、1回や2回行っただけでは何の変化も望めません。大事なのは、継続することです。

三日坊主で終わらないためには、まず自分の性格を知り、無理のない練習を心がける必要があります。私は心理についても専門としていますので、心理的な視点を踏まえてランニングを続けるためのコツをアドバイスします。

ランニングを習慣にすると身体能力が向上し、日々成長する様子がはっきりわかるようになります。1年前よりタイムが少しでも速くなったとすると、歳は1歳取っているのに、カラダは成長して逆に若返ったということです。それを実感すると嬉しくなり、もっと上を目指して走り続けるようになるのです。

本書を通じて、ランニングを一生涯のスポーツとして愉しむ人がひとりでも増えることが私の願いです。

目次

第2章　愉しみながら続ける作法

第3章　ランニングシューズの作法

第4章 障害予防の作法

第5章 ランニングウェアの作法

第6章　レベルアップの作法

第7章　東京マラソンの作法

COLUMN

第1章　走り始めの作法

◎作法一——初心者はウォーキングから始める

ランニングは年齢を問わず愉しめて、一生続けられる運動です。ただし、ずっと走り続けたいと思うなら、いきなり走り出さないでください。まずはウォーキングから入った方が、ランニングは結果的に長続きします。

運動不足の人にとって、走ることは非日常的な苦痛をともなう動作です。普段歩いているときと比べると、関節にかかるインパクトは格段に大きくなります。ですから、カラダの準備が整わないうちに走り出すと、ケガをするリスクが高くなってしまいます。

せっかく走る気になっても、どこかに痛みを感じたり、ケガをしたりすると、しばらく走れなくなってしまいます。そうやってブランクができるとモチベーションが下がり、ランニング自体をやめてしまうことにもなりかねないのです。

私は、最初から張り切って頑張りすぎたばかりに、ケガをして一生走れなくなってしまった悲しい例をたくさん知っています。

たとえば、椎間板ヘルニアになり、医師から「手術をするほどではないにしても、走るのはもうやめてください」と忠告された人。あるいは、お祭り気分でまったく練習しないままフルマラソンに出場して、完走したものの、それと引き換えに膝を壊してしまった人もいます。

新しいシューズやウェアを買ったりすると、嬉しくてすぐにでも走り出したくなります。**その気持ちをぐっとこらえて、初心者は2か月間のウォーキングからスタートしてください。**

まずウォーキングを習慣化することによって、走るための筋肉が少しずつ強化されます。トップクラスのマラソンランナーの練習でさえ、シーズンオフから明けると、ひたすら歩いて筋力を回復させてから走るものです。

目安は週3回。いつ歩くかはあなた次第。まったく自由です。ゆっくりのウォーキングなら辛くないので誰でも続けられます。運動をする習慣をつけておけば、ゆくゆく定期的に走るのが苦でなくなります。

休日くらいはのんびりカラダを休めたいという人は平日中心にしましょう。会社の行き帰りなどに、ひと駅かふた駅分くらい歩いてみてください。

平日は忙しくて疲れているから運動したくないという人は、休日中心で。景色や環境が良い場所を散歩気分でウォーキングすると、リフレッシュできますし、ちょっとした気分転換にもなります。

こうやって自分に合ったやり方を選択して、週3回続けましょう。足元は普段履いている、歩きやすいシューズで十分です。

ウォーキングを2～3週間続けられたら、次は意識的に歩幅を広くします。

歩幅を広げると、太ももやふくらはぎといった筋肉の活動量が大幅に高まります。これらの筋肉こそが、ランニングで主役級の活躍をしてくれるのです。

歩幅をワイドスタンスにすると、自然に踵《かかと》から着地するようになり、足運びもランニングにぐっと近づきます。歩幅を広くすると足腰への負担も大きくなりますから、この段階ではできればランニングシューズで歩くようにしましょう。

筋肉の活動量がアップすると、そこへより多くの血液を送り届けるために、心臓も活発に働くようになります。心臓を鍛えておくことも、ランニングの下準備としてとても重要です。

◎作法二──走るための基礎体力は階段で鍛える

1か月半ほど定期的にウォーキングがこなせたら、最後の2週間は仕上げとしてコースの途中に階段を入れてください。

通勤途中で歩道橋を渡ったり、オフィスについてから階段で職場まで上がったりして階段を使うと、膝まわりの筋肉が強化されます。

膝まわりの筋力アップは、ランニングでケガをしないための絶対条件です。

膝の関節はランニングでことに強いストレスがかかるパーツで、それだけに障害を起こしやすいところなのです。

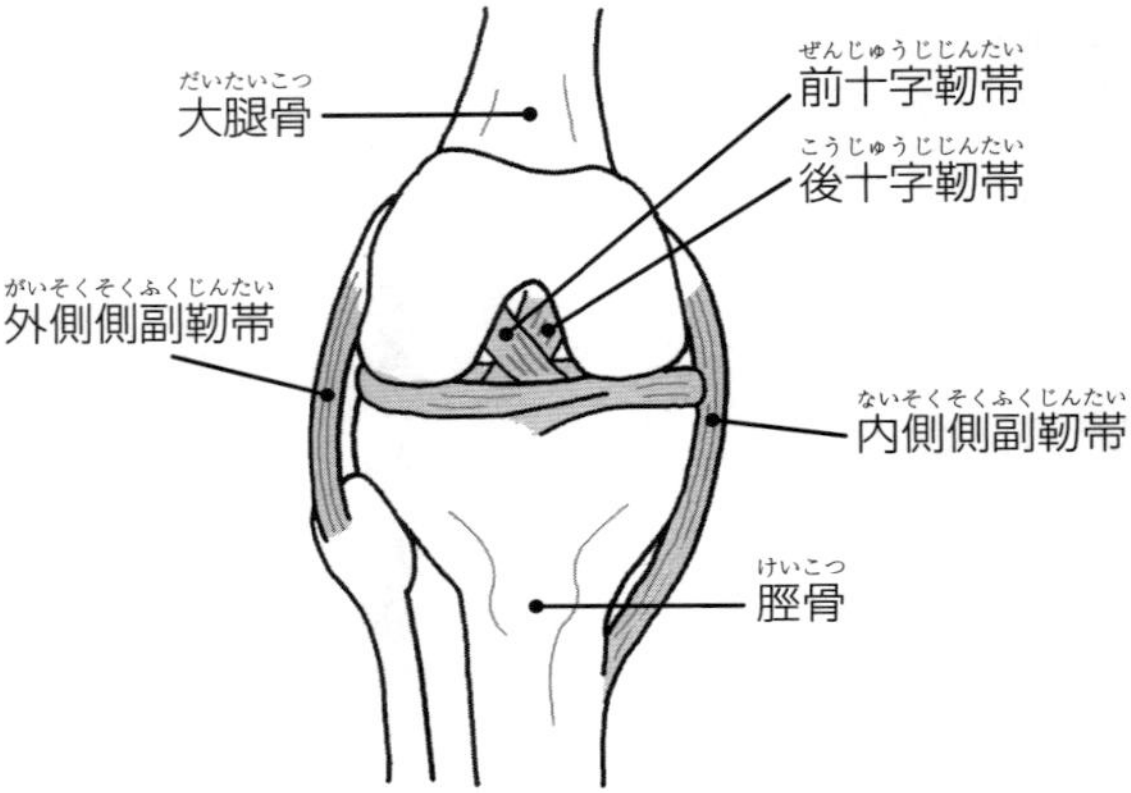

図 1-1　関節のサポーターの役目をする靭帯の構造

膝関節は、太ももの大腿骨《だいたいこつ》とすねの脛骨《けいこつ》のジョイント部分。専門的には蝶番《ちょうつがい》関節に分類されています。ドアの蝶番が閉じたり開いたりするように、単純に曲がったり伸びたりするだけではなく、細かなひねりもこなせる作りになっています。

膝は上半身の体重を支えていますが、関節そのものは大腿骨と脛骨が単純に接しているだけ。そのままでは非常に不安定です。そこで膝を安定させるために、関節のサポーターの役目をする靭帯《じんたい》という組織が幾重にも取り巻いています。膝の靭帯には、内《ない》・外側側副《がいそくそくふく》

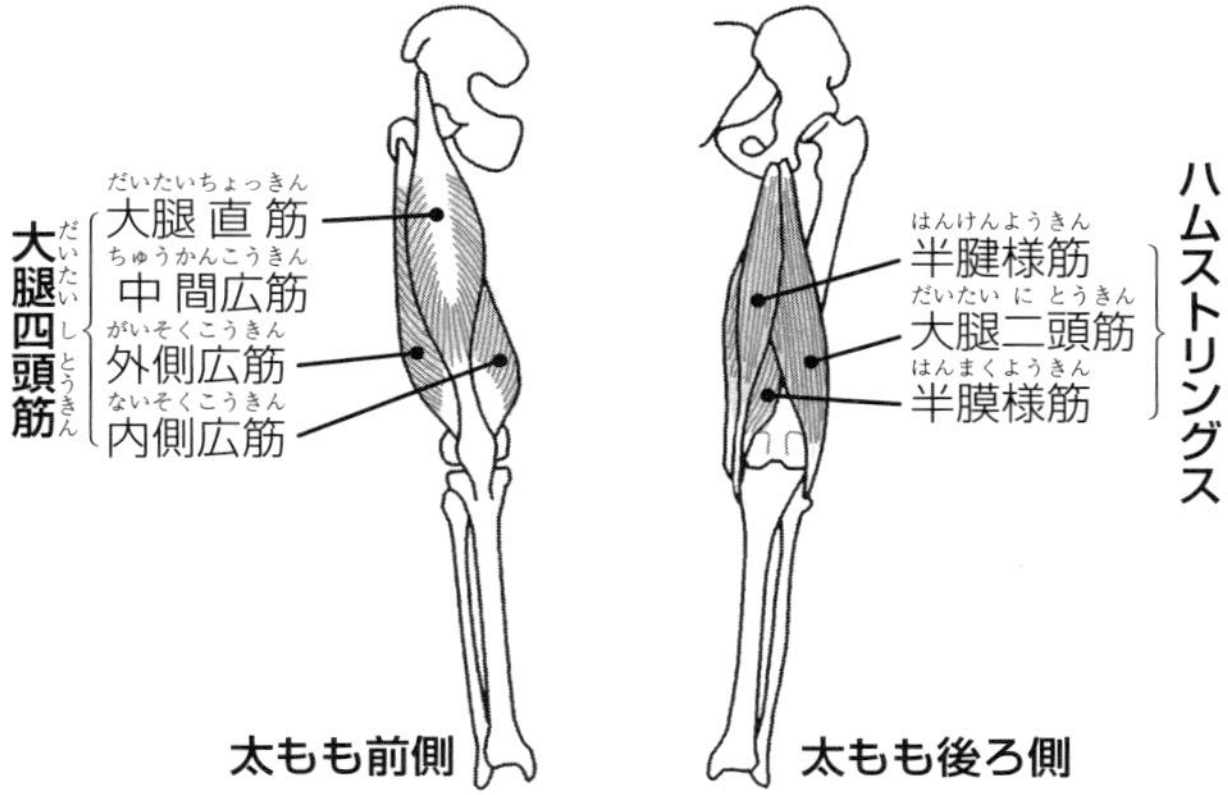

図 1-2　膝関節を安定させている太ももの筋肉の構造

靭帯《じんたい》、前《ぜん》・後十《こうじゅう》字《じ》靭帯《じんたい》があります（**図1-1**）。

　靭帯が関節を固定して静的な安定を図っているとすると、動的な安定を図っているのが筋肉です（**図1-2**）。太もも前側の大腿直筋《だいたいちょっきん》・中間広筋《ちゅうかんこうきん》・外側広筋《がいそくこうきん》・内側広筋《ないそくこうきん》の4つの筋肉から構成されている大腿四頭筋《だいたいしとうきん》、後ろ側のハムストリングスなどの筋肉が、運動時には膝関節を安定させています。

　運動から遠ざかると、こうした筋肉が衰えてしまいます。そのためランニング中に膝が不安定になり、靭帯に過大な負荷が集中します。その状態で走り続けると、靭帯を傷めやすくなるのです。

筋肉はトレーニングで鍛えられても、靭帯を鍛えることはできません。そして一度傷めた靭帯を元通りに回復させるのはなかなか難しいのです。大事な膝関節を守るためにも、太ももなど膝まわりの筋力トレーニングは欠かせません。

とはいえ、ウォーキング以外に筋トレの時間をわざわざ作るのはたいへんです。そこで階段を上手に活用してほしいのです。

運動不足だと、ついつい駅やオフィスで階段を避けてエスカレーターやエレベーターに頼ってしまうもの。**階段を上がるときには、体重の1・3〜1・6倍もの負荷が下半身にかかります。**だから「辛いのでエスカレーターに乗ろう」と思うのですが、負荷が加わるということはトレーニング効果があるということです。

階段を上がるときは、膝を伸ばしてカラダを上へ上へと持ち上げています。このときは太ももの前側にある大腿四頭筋が働きます。階段を下るときは、膝を曲げてカラダを支えながらステップダウンします。ここで働くのは、太もも後ろ側のハムストリングス。**階段の上り下りで大腿四頭筋とハムストリングスを強化しておくと、**

膝関節の負担をうんと減らせます。

階段トレの効能は、膝まわりの筋力アップだけに留まりません。階段を上がると息が弾みますよね。カラダを持ち上げるためには、心臓と肺をフル回転して下半身の筋肉にたくさんの酸素を供給しなくてはなりません。そのために肺は酸素の取り込み量を増やして、心臓はポンプ機能を高めて新鮮な血液を筋肉に送り込みます。

普段から階段を使うことを習慣にしていると、肺から取り入れた酸素を筋肉が効率的に使えるようになり、ランニングのような持久的な運動に対する下準備が整ってきます。

これでちょうど2か月。カラダを動かす習慣がついて、下半身の筋力もアップできたところで、颯爽と走り出しましょう。

ここではわかりやすく靭帯のことだけを説明しましたが、下半身の筋力が低下すると負担がかかるのは靭帯だけでなく、半月板などの軟骨組織にも悪い影響を及ぼします。また筋力だけでなく、柔軟性のアンバランスによって膝の痛みにつながることも多々あります。この段階で痛みを感じたら、軽視せずに医師の診断を受けることをおすすめします。

◎作法三――フォームは消去法で作る

ランニングの入門書では、冒頭の方で「正しいフォームの作り方」を指南するケースが多いようです。

でも、その通りのフォームで走る必要はありません。数学と違い、フォームの正解はひとつではないからです。

よく見るとマラソンのトップランナーですら、フォームはバラバラです。なかには、君原健二さんや谷口浩美さんのように、カラダを傾けた変則的なフォームで偉大な成績を残した選手もいます。

ですから、**正しいフォームの一例を頭に入れるのは無駄ではないと思いますが、それを絶対視するのは禁物。**骨格や筋肉のつき方、柔軟性の度合いなどはみんな人それぞれです。100人のランナーがいたら、100通りのフォームがある。誰かのマネをするのではなく、自分のカラダに合ったフォームで走ればいいのです。

フォームが定まらない初心者の場合、逆に「これだけはカラダの負担になるからやめた方がいい」という悪いパターンを知り、消去法でフォームを作るのが近道。そのために真っ先に気をつけたいのは着地です。

ランニングは踵から着地するのが基本。ヒトの踵は皮下脂肪の層で包まれており、着地の衝撃を吸収する仕組みが備わっています。ランニングシューズも、ヒールの部分にクッション材を集中させて足を守っています。

ただし踵着地を意識しすぎると、必要以上に爪先を引き上げようとするため、すねの筋肉が緊張して障害の原因になります。

私の経験からすると、「足裏の真ん中で着地しよう」と意識してあげると、ナチュラルな踵着地ができるパターンが多いようです（図1-3）。

踵着地は、ウォーキングでも練習できます。歩幅が狭くスローペースのウォーキングでは、足裏全体でベタッと着地して、爪先から離床します。すり足のようなイ

図 1-3 足裏の真ん中での着地を意識すると足運びがスムーズに

メージですね。

しかし、歩幅を広げてペースを上げて歩くと、踵から着地して足裏全体で離床するようになります。ランニングよりもペースが遅いので、足の真ん中で着地する（つまり踵着地）というイメージ作りもしやすいと思います。

また、すねの筋肉があまりに弱いと、爪先が十分に上がらないために、爪先から先に着地する場合もあります。これは、ミュールやハイヒールを好んで履く女性に多く見受けられます。ミュールやハイヒールでは、足首を屈伸する機会が少なく、すねやふくらはぎの筋肉が衰えやすいからです。そういう人でも歩幅を広げ、足の真ん中で着地するウォーキングでトレーニングすると、次第に爪先を引き上げるすねの筋肉が鍛えられてきて、踵着地ができるようになります。

◎作法四――力まないコツは力むこと

フォーム作りで次に大切にしたいのは、肩の力を抜いて上半身をリラックスさせることです。

ランニングは足だけの運動だと誤解されがちですが、実際は全身運動で腕の振りも大きなポイントになります。

ヒトのカラダの基本的な設計は動物と同じ四つ足歩行なので、直立二足歩行をするようになっても、腕の振りが走りのリズムを作っています。動物が前足と後ろ足を協調させて疾走するように、腕の動きが背骨を介して下半身へ伝わり、足が左右交互に前に出ていくのです。試しに腕を振らずに走ってみてください。とても走りにくいはずです。

腕の振りは大事ですが、力むと背中が丸まり、腕をカラダの前で小さく振るようになります。すると腕を前方へスイングさせる肩の前側の筋肉に疲労が溜まります。肩の三角筋の前側や胸の大胸筋といった筋肉が緊張して硬くなるのです。

肩や胸の筋肉が緊張すると、肩が上がります。知らず知らず拳をきつく握り締めるようになり、そのうち首すじまで緊張してコチコチに。これでは呼吸も苦しくなり、長い距離を走ることはできません。

力んで筋肉が緊張すると、動かせる関節の範囲が狭くなります。上半身の緊張は、ドミノ倒しのように下半身にも伝わります。股《こ》関節や膝関節の動きが小さくなると、疲れやすくなります。下半身の筋肉と関節が柔軟に動けないと、着地のときの衝撃がうまく吸収できないからです。

だからといって「力を抜こう」と思っても、そうそう簡単に走りながらリラックスすることはできません。

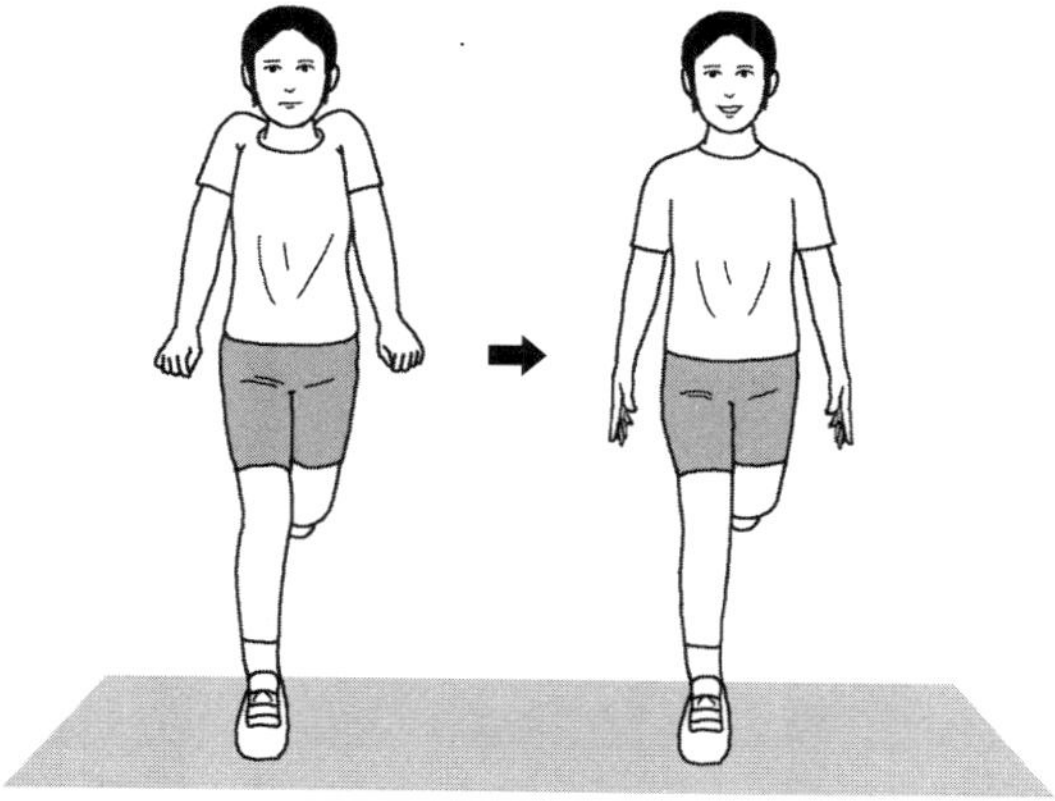

図 1-4　あえて力を入れてから、すとんと力を抜く筋弛緩法

そこで試してもらいたいのが、筋弛緩法です。

筋弛緩法とは、一度筋肉にぐっと力を入れてから、すとんと力を抜く方法。すると単純に「力を抜こう」と焦るよりも、筋肉は緩みやすくなります（図1-4）。

走りながら肩をすくめるようにぐっと持ち上げてから、脱力してすとんと落とします。不思議と力みが消え、背すじが伸び、腕が柔らかく後ろに引けるようになります。胸が開くので、呼吸もラクに感じるでしょう。

私がトレーナーとしてトップアスリ

ートと接して思うのは、みなさん力を抜くのがとてもうまいということです。ペアストレッチをしていて「はい、力を抜いてください」というと、驚くほど脱力できる。いきなり全体重を預けられてしまい、その重みでこちらが倒れそうになるくらいです。

アスリートのように力が出すのがうまい人は、力を抜くのも上手なのですね。一般の人でも、筋弛緩法を覚えておくと、必要なときにリラックスして自分本来の力が引き出せるようになると思います。

◎作法五――レッドカーペットの上を走るイメージで下半身を安定

下半身のフォーム作りのコツは、レッドカーペットの上を走っているようなイメージを持つことです。

自分の肩幅くらいのカーペットが、進行方向にどこまでもまっすぐ敷かれている。その上を駆け抜ける気持ちでランニングするのです（図1‐5）。慣れてくると、

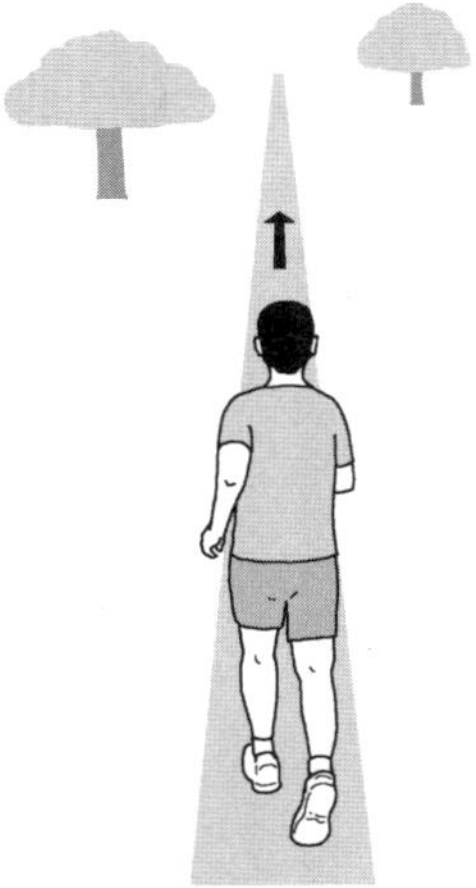

図 1-5　肩幅のカーペットの上から外れないように走るイメージで

カーブを曲がるときも、カーペットが誘導してくれるような気分になります。

　肩幅のカーペットから外れないように走ろうとすると、両足がスッと素直にまっすぐ出せるようになります。

　足運びはガニ股も内股もＮＧ。下半身の関節や筋肉の負担が増えるからです。女性には、いわゆるモデル歩きのように１本のライン上を走る人も多いのですが、これは着地後に足首が内向きに激しく倒れ込むオーバープロネーション（作法四十七参照）を招きます。オーバープロネーションはランニング障害の元です。

図 1-6　S字カーブを描く背骨

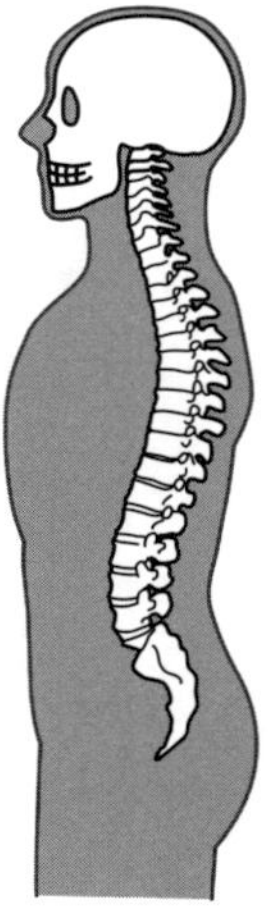

足運びがスムーズになり、下半身が安定すると、骨盤が起きて体幹も安定します。体幹とは手足を除いた胴体部分のことですが、ランニングではとくに上半身と下半身をつなぐ骨盤まわりを重視します。

骨盤が後ろに倒れて腰が落ちると、腰部に上半身の重みが集中します。それは腰のストレスになりますし、まるでサイドブレーキを引いたままで、自動車を走らせるようなもの。前に進もうという推進力も低下します。

骨盤と背骨は一体化しており、背骨は横から見ると緩やかなS字カーブを描いています（**図1-6**）。背骨は着地するたびにスプリングのようにたわみ、衝撃を吸収してくれます。骨盤が後ろに倒れると、背骨のスプリングが縮んだままになり、サスペンション機能が落ちます。すると着地の衝撃が、腰まわりの筋肉や神経に直接伝わります。

さらに背骨がスプリングのように働いてくれると、着地の衝撃を前方への推進力に転換できます。ボールがポンポンと弾むようなイメージですね。

体幹が安定したランナーの走りは、腰の位置が高くて上下動が少なく、その軌跡は地面と平行に近いラインを描きます。難しく考えなくても、レッドカーペットを頭に思い浮かべてランニングをすると、自然にそういう走りに近づけるようになります。

◎作法六──ゆっくり呼吸して一定のペースを守る

クルマはある一定の速度で走らせると燃費がよくて快適ですよね。同様に、ランニングもずっと同じ速度、同じピッチで走ることが重要です。

一定のリズムでしばらく走っていると、クルマの車輪が勝手に回ってくれるみたいに手足が自動的に動いてくれるような感覚になります。

市街地でストップ&ゴーを繰り返すとクルマの燃費が悪くなるように、ピッチが変わると手足のリズムが乱れて息も苦しくなります。

ピッチを作るには、頭のなかで「イチニッ、イチニッ」とリズムを刻んだり、一定のテンポの音楽を聴きながら走ったりする方法があります。鼻歌を歌ってもいいですね。

そう指導すると「鼻歌を歌う余裕などありませんよ」とおっしゃる方もいます。でも初心者の場合、鼻歌を歌うゆとりがないペースは、オーバーペースです。**息はちょっと弾んでいるけれど、隣を走る人とおしゃべりができるくらいが、初心者には最適のペース（図1‐7）。**鼻歌も歌えるはずです。私のクライアントでも「中野さんとおしゃべりしながらだと、ランニングが続けられる」という方が何人もいらっしゃいます。

つまり人と話せるペースなら、誰でも長く快適に走れるのです。そして、この鼻歌ペースこそ、脂肪がいちばん燃えやすいのです。

頑張ってスピードを上げないと脂肪は燃えないと誤解しがちですが、脂肪は軽い

図 1-7　頑張らないで走ると脂肪が燃焼して効果的

負荷の運動の方がずっと燃焼しやすい。筋肉で脂肪をエネルギーに変えるときには酸素が仲立ちしますが、ペースを上げて息が上がると酸素不足で脂肪が使いにくくなるからです。お腹まわりなどの無駄な脂肪がめらめら燃えてくれると思うと、ランニングに余計前向きになれそうですね。

呼吸で走りのリズムをリードする方法もあります。そこで大事なのは、息を吸うことを意識しすぎないこと。

学校の体育の授業で「吸って吐いて、スッスッハッハッのリズムで走る」と教わった人は少なくないと思います。

でも、**呼吸では吸うことは考えなくて大丈夫。息を吐いたら、自然に空気は肺に入ってきます。**スッスッハッハッだとアップテンポになる場合もありますから、ハーッ、ハーッとゆっくり息を吐くことだけ気をつけましょう。

呼吸が速くなると息は浅くなります。息が浅いと取り込んだ空気は肺まで入らず、そのまま外に出ていってしまいます。これでは、息をいっぱい吸ったつもりでも、肝心の酸素は体内に取り込めていないのです。

ゆっくり深く息をすると呼吸の効率は良くなり、筋肉にたくさんの酸素が供給されます。酸素が十分に行き渡れば、筋肉は脂肪を使って効率良くエネルギーを生み出せるようになります。そのため疲れにくく、より快適にランニングが楽しめるのです。

◎作法七――時速8㎞、腹八分目で走る

「初心者はどのくらいのスピードで走ればいいのですか?」

雑誌の取材などで私がよくされる質問です。基本的には自分が続けやすいペースでいいと思いますが、目安がほしい人は時速8㎞を基準にするといいでしょう。これは、30分で4㎞走る速さです。

なぜ8㎞かというと、それがヒトにとっていちばんラクなスピードだから。ウォーキングでもっとも燃費が良く、少ないエネルギーでより長く移動できる速さは、時速5・5㎞前後だと言われています。多くの人は、通勤などで急いでいるときは、無意識にこのペースで歩いています。

そこからどんどんペースを上げていくと、やがて歩くことが辛くなってきます。両足を地面から浮かせて移動する、つまり走った方がラクになるのです。この歩行とランニングの境目のスピードが、時速8㎞前後。もしも時速8㎞以上で歩こうとすると、エネルギー消費量は走るよりも高くなります。

何も考えないで、ゆっくり走り出したときのスピードは、だいたい時速8㎞くらいになるはずです。あとはこのペースを乱さずに走るようにしてください。

初心者にそう指導すると「こんなラクなペースでいいのですか?」とみなさん驚

図 1-8　腹八分目でやめておくことが長続きの秘訣

かれます。しかし、ラクなペースでないと運動は続きません。

運動不足の人ほど、〝運動＝辛いもの〟という思い込みがあります。「辛くないと運動ではない」と思ってしまうのです。けれど、**ランニングは「もう少し走れそうだけど、今日はここでやめておこう」と腹八分目で終えることが大切（図１-８）**。すると楽しいイメージでランニングが終わり、カラダへのストレスも少ないので、また次の日も走ってみようという気持ちになります。これが継続の秘訣です。

ランニングを続けていると「ラク」に

思えるペースがだんだん上がってきます。何か月かすると、時速8・5㎞や9㎞で走ってもラクに思えてくるのです。

これはランニングでカラダが成長した証拠。いくつになっても、誰にでも起こる現象です。成果を焦らないで、ゆっくりのんびり走り始めてください。

◎作法八——初心者は1日10分以上走らない

慣れてくると1時間でも2時間でも快適に走れるようになります。けれど、初心者のうちからムリに長い時間走ろうとしないでください。

最初は1日10分でOK。時速8㎞ペースなら誰でも心地良く走れるでしょう。距離にして、およそ1・3㎞です。

1日24時間は1440分。そのうちの10分くらいなら、どんなに忙しい人でも時間が取れるはずです。私のクライアントでも「1日10分でいいですよ」というと続けてくださる方が多いですね。

もっと走れると思っても10分でやめます。ウォーキングと階段トレーニングで準備万端のつもりでも、自分が初心者であることを忘れてはいけません。弱い負荷から始めてトレーニングの鉄則のひとつに、漸進性《ぜんしん》の法則があります。弱い負荷から始めて徐々に（つまり漸進的に）強くするという法則です。一気に強い負荷を加えるとカラダが対応できずに、ケガをすることがあります。それに「もっと走れるのに！」でやめておくと「もっと走りたい！」というモチベーションの維持につながります。

ダイエット目的で走る人のなかには「20分走らないと脂肪は燃えないから、10分ではダメなのでは？」と質問してくる方もいます。よく言われるこの〝20分説〟を信じている人は案外多いようですが、10分でも脂肪はちゃんと燃えています。誤解を解くために、ちょっと詳しく説明してみましょう。

運動の主役となる筋肉の2大エネルギー源は脂肪と糖質。日常でも筋肉はこの両者を同時に使っています。じっと安静にしているときのエネルギー源はおもに脂肪で、強い運動になるほど糖質が使われる割合が高くなります。瞬間的に大きなパワーを出すのが得意な筋肉（速筋線維）は糖質を主要なエネルギー源としているからです。それと対照的に、日常生活やランニングのような持久的な運動で使われる筋肉（遅筋線維）はおもに酸素を仲立ちとして脂肪をエネルギーにしています。

エネルギー源の切り替えは「何分続けたか」ではなく「どのくらいの強さの運動をしているか」で決まります。ですから、10分でも20分でも30分でも、ランニングのような持久的な運動では脂肪が優先的に使われています。10分を2回走るのと、20分を1回走るのとでは、ペースが同じなら消費されるカロリーも脂肪量も変わりません。安心してください。

これまでの週3回のウォーキングをスピードアップして、時速8㎞までで10分走ってください。

「もっと走りたい」と思ったら、走る時間をのばすのではなく、走る頻度を増やすようにします。週3回からスタートして週4回、5回、6回と増やし、できれば毎日走るようにするのです。歯を磨いたり、風呂に入ったりするのと同じ感覚で、走ることを生活習慣に組み込み、デイリーイベントにしてください。三日坊主の壁を超えて毎日10分走るようになったら、もはやランナーの仲間入りです。

毎日10分のランニングが習慣になったら、15分、20分と走る時間を徐々にのばします。

1週間のうち2回は20分、あとは10分のままでも構いません。**繰り返しますが、大事なのは腹八分目で「もっと走りたい！」と思えるところでストップすること。**このルールだけは守るようにしましょう。

「10分なら時間はあるけれど、20分だと時間が取れない」ということはありません。走る習慣がつくと、忙しくても自ら進んで時間を作るようになるものです。

10分以上走るようになったら、毎日走る必要はないと思います。ただしランナーとしてステップアップしていくつもりなら、最低週3回は走ってほしいと思います。

COLUMN

運動嫌い＝運動オンチな人ほどはまる

運動オンチだからスポーツは苦手。きっとランニングも向かない。そう思い込むのは喰わず嫌い。運動オンチの人ほどランニングにはまります。私のクライアントで、小さい頃から運動オンチでスポーツとは無縁の生活を送っていた40代の女性がいます。彼女に「ランニングは単純な動作の繰り返し。運動が苦手でもできますよ」と勧めたところ、継続して走るようになりました。やがてハーフマラソンに出て、ついにはフルマラソンを完走。すると彼女のまわりの人たちが「マラソン完走なんてすごい」と褒めてくれます。大人になって面と向かって他人から褒められる機会はそうそうありませんよね。長年運動に苦手意識があった彼女は、40年の人生で初めてスポーツで他人から評価された。それが嬉しくて、自分に自信が持てるようになったのだそうです。次に彼女が取った行動は何だと思いますか？　実は車の運転免許を取りに行ったのです。「運転は運動オンチの私には無理」と決めつけていたのに、ランニングの成功体験をバネにトライしてみる気持ちになったのです。そして今は学校で運動生理学を学んでいます。ランニングで「できなかったことができるようになる」体験をすると、新しい何かにチャレンジする勇気が湧きます。運動が苦手で「できなかったことができる」体験が少ない人ほど、ランニングは人生を豊かにするきっかけとなるでしょう。

第2章　愉しみながら続ける作法

◎作法九――効果的な時間帯より続けられる時間帯を選ぶ

「いつ走るのがベストですか？」

これはランナー向けの講演会でもよく受ける質問ですが、基本的にいつどんな時間帯に走っても構いません。

運動生理学的には、体温がいちばん高い午後4～6時の間が運動には理想的だとされています。しかし、運動を習慣化するには、制約は少ないほど有利。時間帯を決めてしまうと、走るために越えなくてはならないハードルを自分でわざわざ増やすようなものです。

毎日夜遅くまで仕事をしているビジネスパーソンに、「夜走ってください」といっても続けるのは難しいですよね。毎朝学校に通う子どものお弁当作りで忙しいお母さんに「朝走ってください」といっても無理でしょう。

1日をどうすごすか。ライフスタイルは千差万別です。生活スタイルに合わせて「このあたりなら走りやすい」という時間帯があなたにとってベストなのです。

時間帯は決めてもいいし、決めなくても大丈夫。走れるときに走りましょう。ただし、時間帯によって準備や走り方を臨機応変に変える知恵を。

もし朝走るなら、その前に水分をきちんと摂ってください。

私たちは寝ている間にコップ1杯分ほどの汗をかいています。ですから、朝起きたばかりのカラダは水分不足で、血液が濃くなっています。血液が濃いと粘性が高くなり、血液が流れにくいので運動には不向き。それに血栓（血の塊）もできやすく、万一心臓や脳の血管で血栓がつまると深刻な病気を引き起こします。とくに喫煙者や血液中の中性脂肪値が高い人は気をつけてください。

朝の水分補給は二段構えで（**図2-1**）。起床直後にコップ1杯の水分を摂ります。これで睡眠中に失った分を帳消しにしておきます。次いで、ランニングウェアに着替えてうちを出る前にまたコップ1杯分の水を飲みます。走っている間に汗で失う

図 2-1　水分補給は不可欠。朝の水分補給は二段構えで

分をあらかじめ補給しておくのです。水分は一度にたくさん摂れないので、分けて飲みます。

また、朝は体温が低く、筋肉も冷えています。筋肉は温めた方が動きは良くなり、走りやすくなります。ですから、いきなりいつものペースに上げないで、ウォーキングでカラダをじっくり温めてから、徐々にペースを上げるのがいいでしょう。

「朝ご飯を食べてから走った方がいいですか」という質問もよく受けますが、1時間も2時間も走るのでなければ、途中でガス欠になることはありません。

それよりも「朝ご飯を食べなきゃ」というハードルを作ることの方がマイナス。1時間以内なら水分補給のみで十分です。

日中、日が高いときは、体温も高く快適にランニングできます。カラダの機能を調節する自律神経には、カラダを活動的にする交感神経と、休息へ導く副交感神経があります。日中は交感神経が優位で体温も高いので、運動しやすいのです。

日差しが強いときは、UV（紫外線）プロテクションの機能があるウェアや帽子で紫外線をカット。暑い日は発汗量が増えますので水分を多めに摂り、普段よりペースを抑え気味にしてカラダに疲れを残さないように気をつけましょう。暑いときの水分補給の極意については「作法四十八」で詳しく紹介しています。

夕方走るときは、食事前でも食事後でもOK。さきほど触れたように1時間くらいまでの軽いランニングならば、食事をしなくても「空腹で走れない」ことはないでしょう。食後に走る際は2時間程度すぎてから。食後は消化吸収のために内臓に血液が集まっているので、走り出しても筋肉に必要な血液が行き渡らないからです。

夜寝る前に走ると、興奮して寝つきが悪くなるケースがあります。

夕方以降は副交感神経が優位になり、寝る準備を整えてくれます。ところが、走ると運動の刺激により、交感神経が一時的に優位になります。そのままいつまでも副交感神経優位に切り替わってくれないと、どうしても寝つきが悪くなるのです。睡眠不足になると、ランニングの疲れも抜けにくくなります。

真夜中に走っても、シャワーを浴びてベッドに倒れ込めば瞬時にぐっすり寝つけるというなら、それで問題ありません。でも、走ることで寝つきが悪くなるときは、ペースを抑え気味にして交感神経の興奮を抑え、ランニングしてから就寝まで2〜3時間空けて、副交感神経優位にスイッチが切り替わるのを待ちましょう。

◎作法十——ホームコースを最低2つ作る

ランナーはみんな自分のホームコースを持っています。景色が良くて走りやすいお気に入りのコースがあれば、気持ちよくランニングが続けられるのです。

ポイントは5㎞程度の短いコースと10㎞程度の長めのコースをひとつずつ、最低

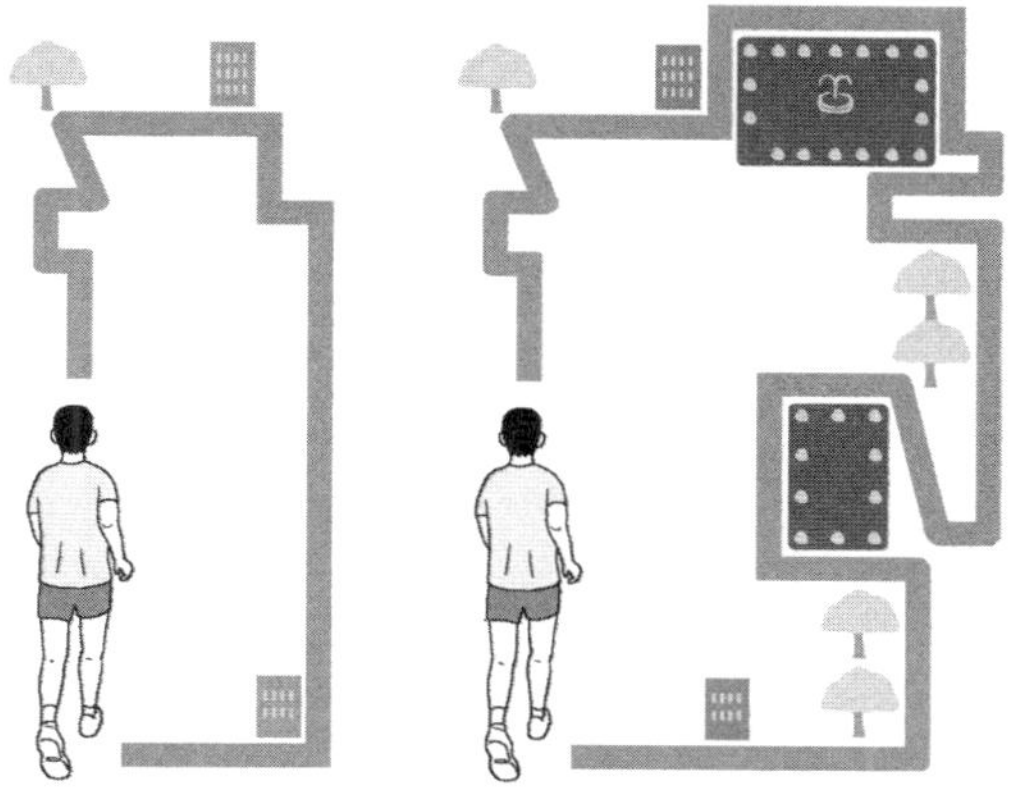

図 2-2　短いコースと長めのコースをひとつずつ決めて、その日の気分で使い分ける

2つ決めておくこと（図2-2）。

週3回以上ランニングしていると、体力が右肩上がりについてきて、10kmくらいは平気で走れるようになります。普段は長めのコースを走り、時間がない日や少し疲れている日は、短いラクなコースを選びます。

長めのホームコースしかないと「10km走ると1時間近くかかる。今日は仕事も忙しいから走るのをやめておこう」と思ってしまうもの。短いコースだけだと、調子が良くてもっと走りたいときに腹八分目ならぬ腹五分目ほどで終わってしまい、物足りなく感じます。

ホームコースが最低2つあると、体調や練習メニューに応じて自由に使い分けられるのです。

自宅を起点とした周回ルートを何周かするような設定だと、自宅の前に戻ってくるたびに「本当はあと1周だけど、寒いからもうやめて熱いシャワーが浴びたい」などと里心がつくものです。なので、ルートは自宅をスタートして折り返し点で戻るか、大きく円を描く設定にします。どちらも一旦スタートしたら走り通すしかありません。自宅から離れた公園などを周回するのは問題ないと思います。

景色の良さも重要ですが、コースを決めるときは路面のコンディションにも注意してください。路面がデコボコしていると、つまずいたり、足を挫《くじ》いたりしてケガをする危険があります。とくに夜走る場合は、路面が見えにくいので気をつけてください。

ルートの距離は、インターネットの距離測定サイトを利用すると簡単に測定できます。「マピオン」が提供する「キョリ測」（www.mapion.co.jp/route/）なら、地図上にカーソルで印をつけるだけで、出発地から目的地までの距離を自動で計測し

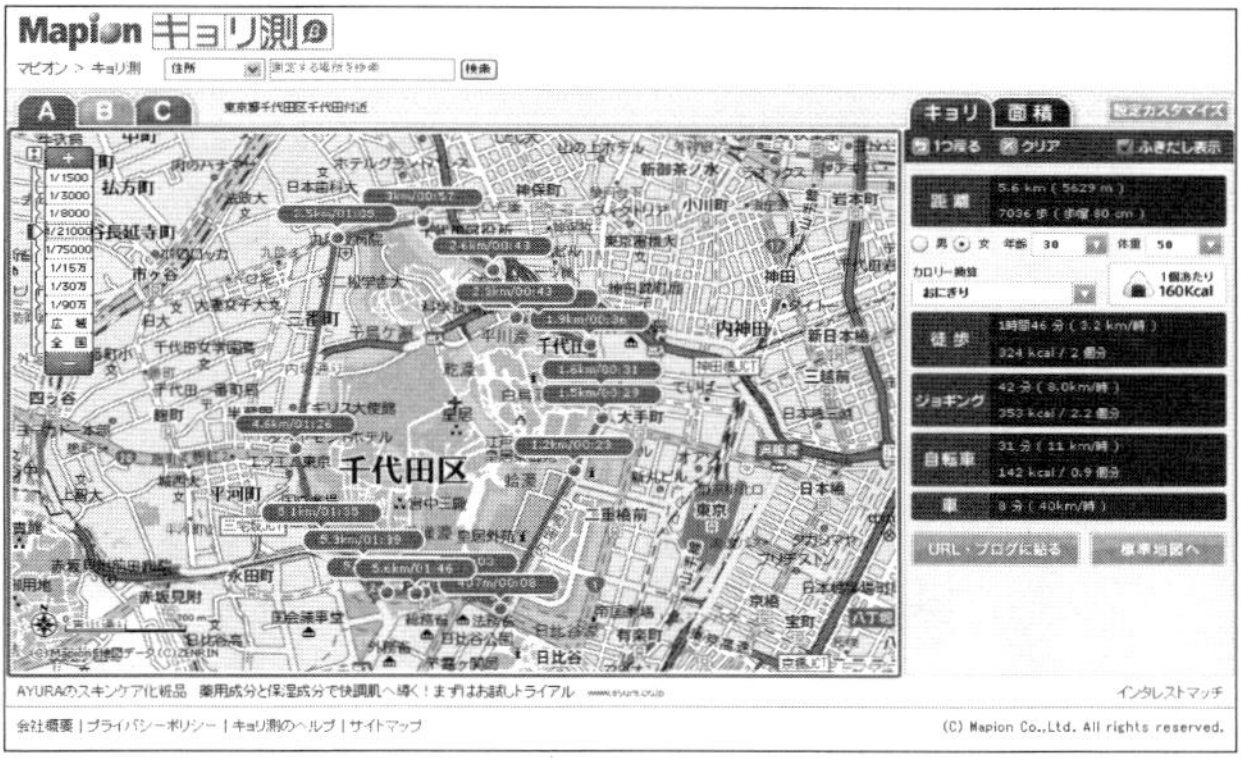

出発地から目的地までの距離を自動で計測する「キョリ測」

てくれます。消費カロリーの計算まで瞬時にこなす優れモノです。

休日など時間に余裕があるときは、ホームコース以外のところを走るのもいいですね。東京なら皇居や神宮外苑まで出かけて走ってみると、先輩ランナーたちが大勢走っていて、その走りやファッションに刺激を受けるでしょう。旅先や出張先で走るのも良いもの。私は講演で地方に行くチャンスがありますが、いつもランニングシューズを持参して宿泊場所のまわりを朝走ります。地方の知られざる郷土料理を味わうように、見知らぬ土地の景色を愛《め》でながら走るのもまた新鮮です。

◎作法十一――信号待ちでストレッチしない

ホームコースの途中には何か所か信号があると思います。皇居のように信号のないコースを走るのが理想ですが、近くに公園などがなく信号のある道路を走っている人の方がきっと多いでしょう。

信号はシティランナーの天敵。ペースを乱したくないので、一度スタートしたら、ランナーはなるべく足を止めたくないもの。ホームコースを何度も走っていると、信号にひっかからずに走り続けるコツがわかってきます。この青信号からスタートするとしばらく青信号で突破できるとか、あるいは赤信号のたびに通りの反対側へ渡ってしまうとか。途中に歩道橋があれば、それを渡る手もありますね。

それでも一度か二度は信号に足止めされることは避けられないでしょう。この間に何をするかはランナーによってさまざまです。

私は休憩時間だと思って足を止めてしまいます。この間に水分補給をするのもいいでしょう。

図 2-3　信号待ちの間、良かれと思ってストレッチするのは禁物

そうかと思うと、ずっと足踏みをしているランナーもいます。**足踏みをすると、ふくらはぎの筋肉が収縮し、筋肉のポンプ作用で静脈血を心臓へ押し戻すミルキングアクション（乳搾り機構）が働きます**。すると静脈血が心臓にスムーズに戻り、肺で新鮮な酸素が補給されて動脈血になるので、走りやすくなります。

それに動き続けていると、クルマのエンジンをアイドリングさせているように心臓の回転数（心拍数）の落ち込みがいくらか抑えられます。心拍数が落ちてしまうと、信号が青に変わって走り出しても、すぐに元のペースまで上げられないのです。

動きを止めないために、赤信号にひっかかったら回れ右をしてしばらく走り、青になった頃に戻ってくるという方法もあります。しかし、これは赤信号の回数で走る距離が毎回変わるので、厳密に練習メニューを組み立てたい人には向かない方法ですね。

信号待ちの間、ストレッチで筋肉を伸ばすランナーもいます。カラダが温まっている状態なら、疲れやすいふくらはぎや太ももの裏側などの筋肉をストレッチで軽く伸ばすのは悪くないと思います。

やってほしくないのは、膝の屈伸のように、関節を目一杯使うフルレンジのストレッチ（図2-3）。

走っているときと比べて筋肉の長さが急激に変わるので、信号が変わって走ろうとすると、筋肉が戸惑って一瞬力が抜けてしまうのです。ストレッチをするなら、筋肉の長さをあまり変えないポーズを選ぶようにしましょう。

◎作法十二――ランナーズステーションを利用する

「ランステ」という言葉を聞いたことがありますか？

ランステとは、「ランナーズステーション」の略。ロッカールームとシャワールームを備えたランナー向けの施設です。

チェックインしたら、ランニングウェアに着替えて荷物をロッカーにしまい、走りに出かけます。走り終えて戻ってきたら、シャワーで汗をさっぱり流して、身支度を整えてから帰宅したり出社したりするのです。

東京の皇居周辺などでは、スポーツショップやスポーツメーカーが設置しているランステが増えてきました。利用料金は1回数百円が相場です。皇居周辺だと、ランステとして使える銭湯もいくつかあります。

ランステは仕事の前後に走りたい人に便利。たとえば、仕事を終えてうちへ帰り、一度リラックスするともう出かけたくなくなります。「今日はもういいか」と怠け心が出てくるのです。私は夜、犬の散歩を済ませてから走るのが日課です。でも、散歩から戻ってソファーに坐ると、絶対に立ち上がれなくなるのが内心わかっています。そこであらかじめランニングウェアを着て犬の散歩をして、うちに戻ったら玄関でUターンしてそのまま走りに行きます。

ランステが仕事場や最寄り駅の近くにあれば、仕事の前後に走ることができて、こうした葛藤とは無縁です。走りたい場所が自宅から遠い場合も便利。仲間と集まって走るときも、ランステで集合するのが好都合ですね。

スポーツクラブをランステ代わりに利用する方法もあります。これまでスポーツクラブは安全面への配慮から、一度入店すると外出できない仕組みを取っているところがほとんどでした。しかしランニングがブームになり、要望が増えるにつれて、入店後外出して走ることを許可するクラブが増えています。対応は店舗によってさまざまですから、利用しやすい場所のスポーツクラブを探して問い合わせてみてください。

走るためにわざわざスポーツクラブの会員になるなんて、会費がもったいない気もします。でも平日朝だけ利用するモーニング会員、平日夜だけのナイト会員なら月会費は5000～6000円程度。**仕事前後に走るなら朝か夜でしょうし、コストは週3回ランステを利用するのとあまり変わりません。**

スポーツクラブは、一般的にシャワーだけのランステよりも風呂が充実しています。湯船が大きいし、サウナがあったり、ジャクージがついていたり。走ったあとのカラダをケアするには最良の環境です。また、クラブと契約しているパーソナルトレーナーに依頼して、ペアストレッチで自分ではほぐしにくい筋肉を伸ばしたり、障害予防のための筋力トレーニングを指導してもらったりもできます。

さらに、月1000～1500円でプライベートロッカーを借りると、そこにランニングシューズや化粧品などを置いておけます。あとはウェアとタオルさえあれば走れますし、その気になればウェアもタオルもレンタル可能。手ぶらで来ても走れるのです。

ランステでもスポーツクラブでも、走る拠点を自宅以外にも作っておくと、走る機会が増えてランニングがもっと身近になることでしょう。

◎作法十三——ラン友を作る

ランニングはひとりで手軽に始められるスポーツ。誰にも邪魔されないし、好きな時間に走れるのが利点ですが、実際はひとりきりでランニングをしているのは少数派。ランニングを通じて友達ができて、一緒に走る人が多いようです。

ランニング友達＝ラン友《とも》を作ると、ランニングの継続性が高まります。私が属しているアメリカスポーツ医学会の報告によると「一緒に運動する人がいると運動の継続率はおよそ80％になる」とされています。

スポーツメーカーが主催するイベントやレースに参加するなど、ラン友を作る機会はその気になればいくらでもあります。なかでも大勢のラン友と巡り会えるのが、ランニングクラブ（ランクラ）に入ること。私自身も「ハリアーズ」（www.harriers.jp/）というランクラに所属しています。

ランクラは、いわば大人のクラブ活動。平日夕方や休日などに定期的に集まり、みんなで走るのです。もちろん学校の体育会系の部活動のように上下関係があるわ

著者が所属するランニングクラブ「ハリアーズ」

けでもなく、鬼コーチがいるわけでもありません。メンバーは完全にお客様扱い。荷物を保管するスタッフもいますし、準備運動やストレッチを指導してくれるスタッフもいます。練習方法やランニングに関する細かい相談に対しても、丁寧で専門的なアドバイスがもらえます。１００人規模の大所帯のところから、30～40人規模の小規模なクラブまでタイプはさまざまです。

月会費は７０００～８０００円が相場。私は最初、「それだけのお金を払うメリットはどこにあるのだろう」と半信半疑でしたが、いざ入ってみると大きな利点があることがわかりました。

まずランクラの練習会に行くと決めると、否応なしに走る習慣がつきます。そしてランクラには自分と同じレベルのランナーがいますから、彼らと走っているうちに徐々にタイムも上がるようになります。ひとりでは頑張れなくても、同じレベルでともに頑張る人がそばにいると、やる気が高まるのです。あるいは自分が目指すペースで走るランナーを見つけて、その人をペースメーカーに練習してもいいでしょう。こうするとタイムが面白いようにのびてくるのです。練習の成果が上がると、モチベーションがアップして走ることがますます楽しくなります。

でも、タイムは気にしないで走りたいというスタンスでもOK。走力に応じてクラス分けされているので、ゆっくりのペースのクラスで仲間とおしゃべりをしながら走っているメンバーもいます。いい汗をかいたあと、ラン友と美味しいお酒を飲むのが生き甲斐という人も少なくないようです。

レジャー気分で週末は山でトレッキングをしたり、ちょっと長めの距離にチャレンジしてみたり。ランクラの練習メニューは多彩です。ひとりでは実行に移せないことも勇気を出して参加してみると、ランニングの新しい魅力に気づくはずです。将来レースに出るときも、クラブのラン友が一緒なら心強くて安心ですね。

ランニングを始めてラン友ができると、走りが変わるだけではなく、性格まで明るくなることが多いようです。

アメリカスポーツ医学会の報告に「定期的に有酸素運動をしている人はうつになる確率が非常に少ない」というデータがあります。有酸素運動とは、ランニングや自転車のように長時間リズミカルにカラダを動かす運動です。

でも「有酸素運動の身体的な効果によってうつが防げるわけではない」というのがアメリカスポーツ医学会の見解です。定期的に有酸素運動をする人は、ラン友のように運動を通じて家庭や職場の外に仲間ができる。それによって日々の生活の質が向上して心身の健康が保たれることで、うつになる確率が下がるのではないかというのが彼らの仮説。私もその仮説に賛成です。

◎作法十四――逆戻りの原理を活用する

ランニングを途中でドロップアウトする人によく見受けられるのが、走ろうと思

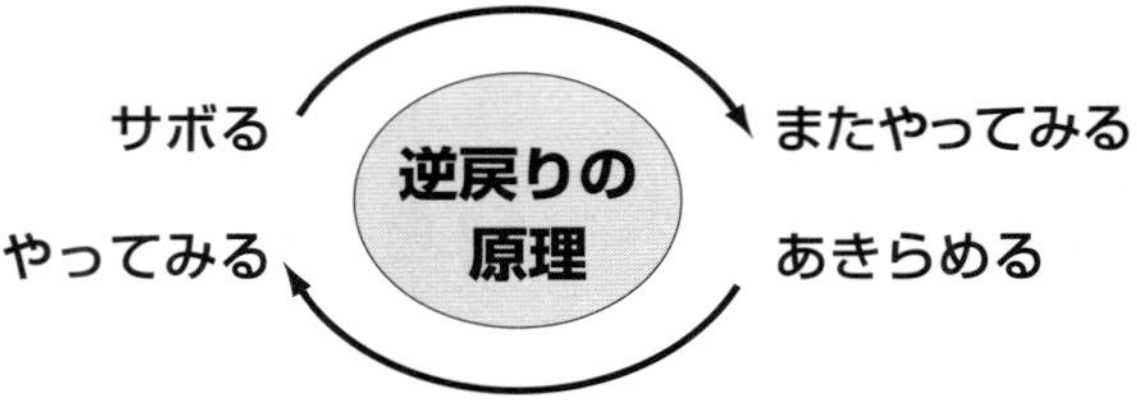

「逆戻りの原理」で悪循環を断つ！

って走れないと「失敗」の烙印《らくいん》を自分に押してしまうパターン。

こういうタイプは「失敗した。できなかった。では別の運動を試そう」とすぐに目先を変えて違うことに取り組もうとします。何か別の運動をやってみて、一度でもサボると自分にまた失敗の烙印を押します。その挫折感から逃れるために、また別のスポーツに挑戦。同じことをずっと繰り返すわけです。

この悪循環を断つのに有効なのが、心理学でいう「逆戻りの原理」の応用。この原理の基本にあるのは「人間は誰しも運動をサボるものだ」ということです。

私も毎週一度は走るのをサボりたくなりますし、マラソンの一流選手だって練習を怠けることはあるかもしれません。ですから「今日はやりたくない」とサボっても、それは当たり前。挫折感を持つ必要はないし、失敗でも何でもないのです。

はじめは毎日走るなんて考えなくていいのです。まずはいつ走るかを決めてみましょう。仕事のペースと日々の生活のパターンから、走りやすい日とそうでない日は当然あるはずです。平日はまず走れないと思ったら、土日だけ走るというふうに自分の都合で自由に決めます。

これまでのライフスタイルを大きく変えることは、ランニングに限らずなかなか続きにくい。やれるときにやるというスタンスで気楽に構えていいのです。走る日をだいたい決めたら、あとは逆戻りの原理で何度でもトライします。

一度できなかったら、1週間後にまたやってみる。別に1か月後でも構いません。またサボる日が来るでしょうが、そうしたら最初に戻って（「逆戻りの原理」と呼ばれるゆえんです）再び同じことにチャレンジする。こうやってひとつのことに、断続的でもいいから取り組んでいると、いつかカラダにプラスの効果が出てきて、自分に自信がつきます。それが運動の継続につながるのです。

◎作法十五——体重の変化に惑わされない

ランニングを継続する秘訣は、体重の変化にふり回されないこと。

体重を記録するだけで痩せる「レコーディング・ダイエット」が少し前にブームになりましたが、ダイエットと違って、ランニングはやってもすぐに体重は落ちません。

本当に体重が減ってきたなと感じるのは、個人差や練習量による差はありますが、3か月ほどたってからです。それなのにハナから体重の減少を期待しすぎていると「せっかく苦労して走っても何も変わらない。もうやめよう」とドロップアウトしがちなのです。

体重のみならず、筋肉がついたり、代謝が変化したりといった身体的な反応が起きるのは、運動をスタートして3か月ほどたってからです。それを知らないと、これからせっかく成果が出てくるというのに、短気を起こして運動を放棄するのです。これが三日坊主の典型的なパターン。

3か月を超えて身体的な変化がはっきり自覚できると「やれば効果が出る」と実感するので、運動を続ける意欲が高まります。

ランニングの場合、3か月をすぎると体重が落ちてカラダが軽くなったように感じます。身軽になると走るのがラクになり、タイムものびるので、ランニングが面白くなります。一般的に体重が1kg減ると、フルマラソンのタイムが2～3分短縮されるといわれています。

ただし「3か月たっても体重がぜんぜん減らない」という人もいます。その理由として考えられるのは、やはり食べすぎです。

体重の増減を決めるのは、食事からの摂取カロリーと運動による消費カロリーのバランスです。たとえ毎日走ってカロリーを消費していても、それ以上食べたら瘦せないばかりか、太る場合もあります。ランニングをするとお腹が空いて、食べ物が以前よりも美味しく感じられるようになるので、過食の危険もあるのです。

なかには「美味しいものを食べたいから走る」というランナーもいます。たくさん食べても、走ってカロリーを消費して相殺しておけば、体重が増えません。タイ

摂取カロリー ＞ 消費カロリー ⇨ 体重増
摂取カロリー ＜ 消費カロリー ⇨ 体重減

この簡単でシンプルな法則が基本!

ムを気にしないのであれば、そういうランニングスタイルもあると私は思います。

体重に関してもうひとつ知っておきたいことがあります。ダイエット目的で走るランナーには、前後で体重を測って「1・5kg痩せた!」などと喜ぶ人がいます。でも、それは脂肪が減ったからではないのです。

フルマラソンを完走しても消費するカロリーは2400キロカロリーほどです。体脂肪（1g当たり7・2キロカロリー）に換算するとおよそ333g。ランニングは継続するとダイエット効果を発揮しますが、1回や2回で体重が激変することはないのです。

ランニング後の体重減少はサウナと同じで、かいた汗の分だけ減ったように思えるだけ。水を飲めば体重は元に戻ります。水を飲んで走っているのに体重がガクンと減っているのは大量に発汗しているから。ランニングの強度が強すぎる、または水分補給が足りていない可能性もあります。

一般的には運動後の体重の減少は、運動前に比べて0・5～0・8％の範囲内に留めるのが望ましいとされています。体重60kgなら300～500gくらい。走る前後で体重をチェックして、汗をかきすぎていないか確認しましょう。

◎作法十六——性格別の継続プログラムを利用する

過去にランニングを始めて三日坊主で終わった人は、ひょっとしたら性格に合わないやり方で走っていたせいかもしれません。

ランニングがいくら楽しいといっても、運動であるからにはカラダには目に見えないストレスがかかります。性格に合わないやり方だとさらに心のストレスにもなりますから、三日坊主で終わるのは当たり前なのです。

ここでは私の指導経験から性格別に3つの練習法を考えてみました。自分に当てはまるものがないか、チェックしてみてください。

どちらかというと完璧主義なタイプ。何事にも計画的で、仕事も旅行も完璧にスケジュールを立ててから臨まないと気が済まない。そんな几帳面で計画的な性格の人は、はじめから半年ほど先のレースに出ると目標を決めてしまいます。

目標と日時が決まると生来生真面目ですから、誰に指示されなくても計画を立てたくなります。そう思ったら、レース日までの全日程をスケジュール帳やカレンダーでチェック。週末など走る余裕がありそうな日に印をつけ、半年分のアポイントメントを先に入れてしまうのです。走る距離や目標のペースまで書き入れておくと、その通りに進めないと気が済まなくなる。レース日まで黙々と走り続けるでしょう。レースまで半年間続けられたら、もはやドロップアウトはしないと思います。

感情や感性よりも知性やデータを重んじる。元首相の名文句ではありませんが、「自分で自分を客観的に見ることができる」という**合理主義なタイプ**は、ランニングに関するあらゆるデータをレコーディングする「レコーディング・ラン」を。

ペース、走行距離、消費カロリー、気温……。あらゆるデータを記録して手帳に

性格別の継続プログラム

完璧主義なタイプ 何事にも計画的で完璧なスケジュールを立てなければ気が済まない人 ➡	はじめから半年ほど先のレースに出ると目標を決める
合理主義なタイプ 自分自身を客観的に見ることができる人 ➡	あらゆるデータをレコーディングする「レコーディング・ラン」を
社交的なタイプ 明るく元気で友人とおしゃべりするのが大好きな人 ➡	友人や家族、同僚など、気の合う仲間と走る

書き入れます。データは表計算ソフトやランナー向けウェブサイトの機能を活用して、パソコン上で管理してもいいですね。ペースの変化などを通じて体力レベルの向上が客観的にわかってくると、継続への意欲が湧いてくるのです。

いつも明るくて元気いっぱい。友人とおしゃべりするのが大好きで、ご飯は大勢で食べるほど美味しく感じる。そんな**社交的なタイプ**は、友人や家族、同僚など、気の合う仲間を誘って走ってみてください。途中でおしゃべりできるゆったりしたペースで走ると、時間を忘れて走り続けられるでしょう。私のクライアントでも「ランニングクラブだとラン友がたくさんできて楽しいですよ」と教えると、社交的な性格の人は早速ランクラに入って走り始めます。

性格は人それぞれですから、万人が続けられる万能のメソッドは存在しません。正解はひとつではないので、作法十四で紹介した「逆戻りの原理」に従い、さまざまなやり方で何度でもチャレンジすることが大切。トライアル&エラーを重ねるうちに、自分にフィットするやり方が見つかると私は思います。

◎作法十七——「忙しい」を言い訳にしない

ランニングはいつでもどこでも思いついたときに取り組める運動です。「忙しくても続けられますよ」とすすめても、「時間がないから走れない」という人もいます。

1日24時間はみんなに平等です。「時間がない」と言い訳して運動をしない人は、時間の使い方、タイムマネジメントを見直してください。

多忙な人ほど、タイムマネジメントは上手です。アメリカ合衆国のブッシュ政権で第66代国務長官を務めたコンドリーザ・ライスさんは、国務長官時代も毎日走っていたそうです。アメリカの国務長官といえば世界でもっとも忙しい職務のひとつでしょう。そんな彼女でも作ろうと思えば時間は作れる。ちなみにオバマ現大統領も執務を始める前、毎朝トレーニングルームで運動をしているそうです。**時間は、その気になれば誰でも作れるのです。**

タイムマネジメントに長《た》けた人がランニングを好むのは、ランニングのメリットがわかっているから。

忙しい人は病気になっている暇もない。つねに健康でいることで、憂いなく仕事に全力で取り組めるのです。健康を保つには運動は欠かせませんが、なかでもいちばん手軽なのがランニング。テニスや水泳のようにやれる場所が限られているわけでもないし、ゴルフやスキーのようにいろいろな道具を準備する手間暇もかかりません。アポイントメントも不要で、着替えてシューズを履いて、自宅やオフィスを出ればすぐに運動がスタートできるのですから、時間の節約になります。

それでいてランニングは非常に運動効率が良い。消費カロリーはウォーキングと比べたら2~3倍以上。持久力や血液循環の向上、血圧の安定、過剰な中性脂肪の減少といった身体的にプラスとなる生理的な反応が得られて、生活習慣病のリスクを下げてくれます。タイムマネジメントの達人が、ランニングを選ぶ道理です。

仕事が忙しいと運動時間は限られますし、運動不足だと生活習慣病に罹《かか》るリスクは高くなります。走って効率良くカラダを動かしましょう。

COLUMN

ランニングで脳を鍛える

ランニングには脳を鍛える効果もあります。皮膚や内臓などの細胞と違い、脳の神経細胞（ニューロン）は生後二度と細胞分裂しません。このため脳細胞は大人になると減る一方で、二度と増えないと長年信じられてきました。ところがごく最近、ランニングなどの有酸素運動を続けると、脳の海馬《かいば》で新たに脳細胞が生まれることがわかりました。海馬は「脳のコントロールタワー」とも呼ばれ、記憶に関わる重要な場所です。なぜ走ると脳細胞が増えるのか、その理由はよくわかっていません。しかし、改めて考えてみると、ランニングは脳の活発な活動の賜物。視覚などの感覚器から入った位置や姿勢の情報に基づき、脳が神経を介して筋肉に指令を出すことでランニングは正確に行えます。外を走ると環境は刻々と変わり、脳には視覚と聴覚から膨大な情報がインプットされます。路面の状態も足裏から知覚神経を通じて脳へ伝えられます。それらの情報と過去の記憶を照合して初めて、決められたルートを間違わないように走ることが可能になります。この場合、脳は、車でいうとナビゲーションシステムの役割を果たしているわけです。あらゆる脳トレのベースにあるのは、筋肉と同じように、脳も刺激して使うと機能低下が防げるということ。もしそうであるならば、ランニングほど脳トレ効果が高い運動はないのかもしれませんね。

第3章　ランニングシューズの作法

◎作法十八——シューズ選びですべてが決まる

ランニングに特別な道具はいりません。でも、**ランニングシューズだけは必ず最新のものを用意してください。**

ゴルフをするときに、ゴルフシューズを履かない人はいないでしょう。スキーをするのに、登山靴を持ち出す人もいないはずです。ところが困ったことに、ランニングだけは「履き慣れているから」とスニーカーで走り出す人がいます。

走ることがいくら身近な運動だといっても、ランニングシューズ以外の靴で走るのは御法度《ごはっと》です。足を傷める危険があります。

私のクライアントにも、ランニングシューズとスニーカーの区別がつかない方がいます。**スポーティな見かけをしていても、スニーカーは基本的に歩くための靴。**

ランニングシューズではないのです。

ウォーキングとランニングには根本的な違いがあります。いちばん異なるのはカラダへのインパクト。歩くときに足にかかる衝撃は体重の1・2〜1・3倍程度ですが、カラダが地面から離れて片足で着地するランニングでは着地衝撃は体重の2〜3倍にも達します。

足運びも違います。個人差はありますが、ランニングでは踵の外側で着地し、足の親指の付け根に向かって斜めに重心が移動します。それに対して、歩くときは、踵から爪先にまっすぐ重心が移動します。また、走るときは1歩ごとに爪先で地面をキックしますが、歩くときはどちらかというとすり足気味です。

ランニングシューズは、着地衝撃を吸収するためにスニーカーよりもソールが厚くなっています。最初に着地する踵には特別なクッション材も配置されています。また、蹴り出しをする前足部には横方向に溝（グルーブ）が入っているものが多い。爪先を曲げやすいように設計されているのです。一方、スニーカーはソールが完璧にフラットなものがほとんどです。特別なクッション材も入っていないし、爪先の屈曲を助けるグルーブも刻まれていません。スニーカーで走ると、足のナチュラルな動きが妨げられるし、着地衝撃もちゃんと吸収できなくなり、足腰への負担となります。

同様の理由で、ウォーキングシューズで走ることもやめましょう。走るなら新しいランニングシューズを買う。これがランナーになる第一歩です。

◎作法十九――ランニングシューズは軽さで選ばない

では、初心者はどんなランニングシューズを選ぶべきでしょうか。

最大のポイントは、軽さを基準にしないこと。

ビギナーには「軽いシューズ＝良いシューズ」という思い込みがあります。私は、初心者向けのランニングのセミナーに講師として呼ばれる機会がよくありますが、そのときに気になって参加者の足元を見てみると、多くの人はソールが薄くていかにも軽そうなシューズを履いています。

彼らに「なぜそのシューズを選んだのですか？」とたずねると、ほとんどの場合「軽いからです」という答えが返ってきます。実際、スポーツショップのランニングシューズのコーナーに立ち寄ると、両方の手のひらに違うシューズを乗せて、天秤《てんびん》にかけるように重さを比較している場面をよく見かけます。

でも本当は、軽いほどケガをしやすく、初心者には向かないシューズなのです。

スポーツメーカー各社は、ランナーのレベルや目的に応じて何タイプものシューズをラインナップしています。なかでもソールが薄くて軽いタイプは、かなり経験を積んだトップランナー向けのモデルです。

トップランナーは、着地衝撃を吸収して安全に走るための筋肉がすでに備わっています。ですから、ソールが厚いシューズを履く必要はないのです。その結果、シューズは軽く仕上がるというわけです。

軽量なシューズはレース用にも用いられることから、晴れ舞台であるレースで映えるように色使いがヴィヴィッドなものが多くなっています。見た目を重視する女性ランナーは、そんなデザイン性に惹《ひ》かれて軽いシューズを買うケースもあるでしょう。見かけも疎《おろそ》かにはできませんが、シューズはあくまで機能優先で選ぶ姿勢を大切にしてほしいと思います。

ヒトの足には本来、走るときの衝撃を受け止める仕組みがあります。けれど、まともに走った経験がない初心者はその仕組みを上手に使えないし、走るための筋力も備わっていない。そのため、足の機能を補う機能を持ったシューズが必要になります。

機能を盛り込むほど、シューズが重くなるのは当たり前。**信頼できるスポーツメーカーの製品であるならば、重いシューズ＝高機能と考えていいでしょう。**

ずいぶん古い話になりますが、1960年のローマ五輪男子マラソンでは、アベベ・ビキラ選手が裸足で走って当時の世界新記録で優勝。「裸足の王者」と呼ばれました。彼はいつものようにシューズを履いて走る予定でしたが、レース直前にいくつかのアクシデントが重なって足に合うシューズを準備できなくなり、仕方なく裸足で走ったそうです。

アベベ選手が裸足で走って無事に優勝できたのは、並外れた走力があったから。

もしも初心者が裸足で走ったら、500mも進まないうちに足腰の痛みで立ち往生してしまうでしょう。実を言うと、トップランナー向けの軽いシューズが大事にするのは〝素足感覚〟。脅かすわけではないのですが、初心者が軽いシューズで走るのは裸足で走るくらい危険なことだと覚えておいてください。

◎作法二十――重いシューズでも足の負担にならない

初心者に重いシューズをすすめると、「全然運動をしていないから、シューズが重いと足の負担になって走れない」と不安顔になる方もいます。

これも思い違いで、重いシューズがカラダの負担になることはないのです。

重いシューズといっても、鉄下駄のように重いわけではなく、エントリーランナー向けのシューズでもせいぜい片足300g程度。トップランナー向けの軽いシューズと比べて100~150g重いくらいです。

このプラス100~150gは機能性を高めた結果の価値ある重さですが、足にとってはずっしり重いと感じるウェイトの違いではない。なぜなら、足はカラダのなかでもっとも大きな力を発揮できる部分だからです。

手のひらに乗せて比べると、100〜150gの違いは大きいように感じるかもしれません。しかし、太ももの筋肉は、腕の筋肉の何倍もの太さがあります。たとえば、運動不足の人が5kgのダンベルを持って腕の筋力トレーニングをするのは、それなりに大変です。でも下半身であれば、筋力に自信がない女性の方でも、20〜30kgの重さで軽々とトレーニングできます。

直立二足歩行をするために足腰の筋肉は丈夫にできていますし、毎日体重を支えて歩き回っているうちにある程度は自然に鍛えられています。プラス100〜150gが足の負担になるわけはないのです。その違いが走りに影響するとしたら、1〜2秒を争う長距離走のトップ選手くらいではないでしょうか。

トップ選手でも安定感のある、重いシューズを好む方もいらっしゃいます。福士加代子選手（ワコール）は、練習ではソールの厚い重いシューズを履いています。

ちなみに、**世界的に商品を展開しているスポーツメーカーによると、軽いシュー**

ズを好むのは日本人ランナーの特徴だそうです。欧米では、初心者はもちろん、中・上級者でも安全性を重視した重いシューズを選ぶという話を聞きました。

「旅先や出張などに持参するとき、シューズが重いと持ち運びに苦労する」とおっしゃる方もいます。けれど、軽いシューズで走り、勝手のわからない旅先で足にケガをしたりしたらそれこそ大変。バッグを軽くしたいなら、他の荷物を削ってください。

◎作法二十一——1万円程度のシューズを狙う

シューズを買うときは、専門知識が豊富な販売スタッフがいるスポーツショップで。予算は1万円を目安にするといいでしょう。日本のランニングシューズは世界でも有数の性能を誇っており、各メーカーとも1万円前後の価格帯に初心者向けのエントリーモデルを数多く投入しています。

1万円を高いと感じるか、それとも安いと感じるか。人それぞれでしょうが、ランニングはシューズくらいしかお金をかけるところがないスポーツです。ゴルフなら、道具一式を揃えるのにもっとお金がかかるし、ラウンドするたびに出費が嵩《かさ》みます。スキーやテニスといったスポーツもそうですね。その点、歩道や公園を走るのに使用料はいりません。

足を守る機能が備わっていないシューズで走り、万一ケガをしたら困ります。病院に行ったり、マッサージに通ったりで、かえって出費が大きくなることもあります。そう考えると、1万円は初期投資としては高くないと私は思います。

安くて美味しい食べ物があるように、必ずしも値段が高いものが良くて、安いものが悪いわけではないでしょう。隠れた名店もあるわけで、ブランドにこだわる必要もないですね。けれど、量販店などで1000円、2000円で買えるノーブランドのシューズは、重くても機能満載とは限らないと私は思います。

アウトレットで掘り出し物が見つかるケースもあるでしょう。しかし善し悪しを見分けるには、ランニングシューズに対する知識が必須です。まったくの初心者には少しハードルが高いですね。

◎作法二十二——足のサイズは必ず測り直す

シューズ選びの基本はサイズ。みなさんは自分の足のサイズを知っていますね。でも、それはいつ測ったサイズですか?

体重と同じで、足のサイズは変化します。ずっと「私のサイズは25・5㎝だ」と思っていた人が、ショップで正しく採寸してみると26・0㎝だったり、25・0㎝だったりすることはよくあります。**足にも脂肪はつきますから、太ればサイズは上がり、体重が減ればサイズは下がります。**昔測ったサイズを鵜呑《うの》みにしないで、ランニングシューズを買う前に測り直してください。ただし、実際にどのショップでも採寸できるわけではないので、前後のサイズも試して履いてみてください。

足のサイズには、足長《そくちょう》と足囲《そくい》があります。

足長は、踵の後ろの端から足の指の先端までの長さ。通常シューズは0・5㎝刻みで用意されています。

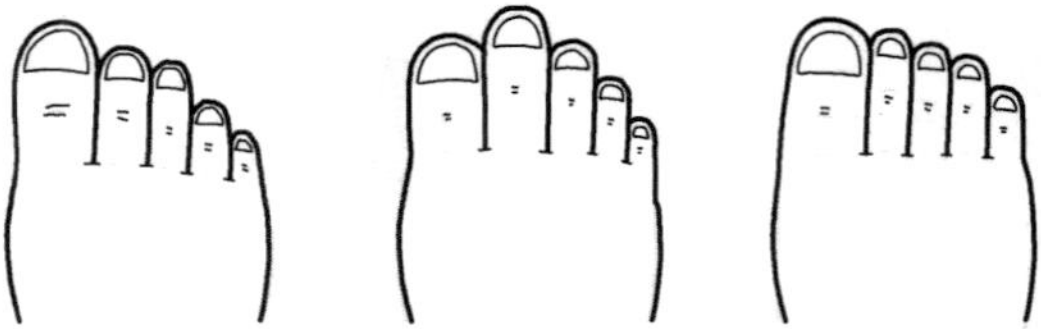

図 3-1　足の形は大きく３タイプにわかれる

足囲は、足の親指と小指の付け根部分の周囲長。「ウイズ」とも呼ばれており、普通はＥＥ（標準）のみですが、メーカーやモデルによっては４Ｅ（やや幅広）やＤ（やや細め）が用意されていることもあります。

サイズが同じでも、顔が人それぞれ違うように足も千差万別。いろいろな形をしています。大きくわけると、親指が長いエジプト型、第二指が長いギリシャ型、指の長さがあまり変わらないスクエア型と３タイプがあります（**図３-１**）。**日本人の70％はエジプト型だそうです。**この他、甲の高さや踵の幅などにも個人差があります。

シューズの製作にあたり、メーカーは足型（ラスト）を作ります。足型とはシューズの設計モデルのようなもので、多くの人の足をサンプル調査して導いた標準的なシェイプです。足型はメーカーやモデルで異なりますから、同じサイズのシューズでも履き心地は変わります。エジプト型に合うもの、スクエア型に合うもの、踵がほっそりした人に合うものとさまざまなのです。

しかも、**足の形は生活習慣や運動習慣の影響を受けて微妙に変わります**。たとえば、歩くときに足の真ん中に力を入れて踏ん張るクセがあると、第二指が成長します。こうして若いときはエジプト型だったのに、次第にギリシャ型になることもあります。

足の形が変わると、足長の測り方も変わります。ギリシャ型は踵から第二指まで、エジプト型は踵から親指までの長さを測ります。ギリシャ型の人が、エジプト型で測ったサイズにすると、親指よりも飛び出ている第二指がシューズに当たります。「シューズに爪先が当たって痛い」という場合、だいたいエジプト型からギリシャ型に変わったことに本人が気づかなかったパターンです。

こう考えてみると、試し履きをせずに通信販売でシューズを買うなど、もってのほかだとわかってもらえると思います。必ずショップに出向いて、時間が許す限りいろいろなシューズを試し履きしてください。

また、より自分に合ったジャストフィットの一足がほしい場合、ランニングシューズのセミ・オーダーメイドシステムを利用する手もあります。足のサイズに合わせて、自分だけのランニングシューズを作ってくれるサービスを行うスポーツメーカーが増えてきたのです。

誰しも左右の足のサイズは微妙に違うものですが、オーダーメイドなら右足は25・5㎝、左足は26・0㎝という具合に、ぴったりフィットさせることができます。私はオーダーメイドのシューズにしてから、ランニングがより快適になりました。価格は2万～3万円程度と多少高価ですが、その価値はあると私は思います。

◎作法二十三――踵ポンポンで正しく試し履き

シューズを買うときは、お店の人にエントリーモデルを何種類か出してもらい、試し履きをして自分に合うシューズを絞り込んでいきます。

まずしっかりチェックしてもらいたいのは、ヒールカウンター。

ヒールカウンターとは、履いたときに足の踵をすっぽり包むように作られた硬いカップ状のパーツです。

踵の骨はひとつの大きな骨ではなく、距骨《きょこつ》や踵骨《しょうこつ》といった小さな骨がブロックのように積み重なってできています。骨と骨は靭帯というサポーターで連結されていますが、走って踵から着地するたびに、この小さな積み木全体が衝撃でぐらぐらと揺れます。踵の部分をちゃんとサポートしておかないと、靭帯だけでは安定させられなくなり、骨の積み木がずれて障害を招くのです。それを防ぐために、踵の積み木を確実にホールドする役割を果たしているのが、ヒールカウンターです。

初心者用シューズのヒールカウンターは、足を守るために硬くて丈夫にできています。上級者は着地の仕方も上手になるので、トップモデルになればなるほど、ヒールカウンターは薄く軽量になります。

ヒールカウンターの形は、メーカーやモデルで微妙に異なります。踵の骨のサイズや形にも個人差があるので、自分の踵にぴったりと合うヒールカウンターのシューズを選び、踵をヒールカウンターにしっかり収めて走ってください。

試し履きのときは、靴ひもをすべて緩めて足入れしたら、ポンポンと軽く踵を床について踵の骨をヒールカウンターに収めます。それから靴ひもを締めて立ち上がります。踵をホールドした状態で、足の指が自由に動かせたら合格です。

続いて細かい点をチェックします。その場で歩いてみて、足に不快な当たりはありませんか。次にランニングの着地は片足ずつ行うので、片足立ちになって安定感を確認します。着地時に足はつぶれて一時的に大きくなります。ソールに足がしっかり乗っていないと、足がぶれやすくなるので注意してください。そして地面をキックするときのように爪先立ちになり、親指の付け根でソールが屈曲することを確かめましょう。

靴下の厚みでフィット感は変わるので、試し履きはランニング時に使うソックスで。ショップで借りられることもあります。

◎作法二十四——爪の内出血を防ぐ

なぜ私がこれほどフィッティングにこだわるかというと、ジャストフィットのシューズでないと足の障害に直結するからです。

サイズの選択を誤ると、足の指の先を傷めて爪が黒ずむことがあります。これは爪の内出血（爪下血腫《そうかけっしゅ》）が原因です。

爪の内出血は小さすぎるシューズを履くと起こります。小さいシューズで走ると、指先がシューズに当たって圧迫されます。これを繰り返すと、爪の付け根が傷ついて出血するのです（**図3-2**）。内出血すると爪下の内圧が高まり、ズキズキとした痛みがあります。痛みがひどいと病院で内出血を抜いてもらう必要があります。

一般的に爪下血腫はシューズが小さすぎるために起こりますが、シューズが大きすぎて発生するケースもあります。大きすぎるとシューズのなかで足が動き、地面を蹴るたびに爪先部分に指先が打ちつけられます。それで爪の根元から内出血するのです。

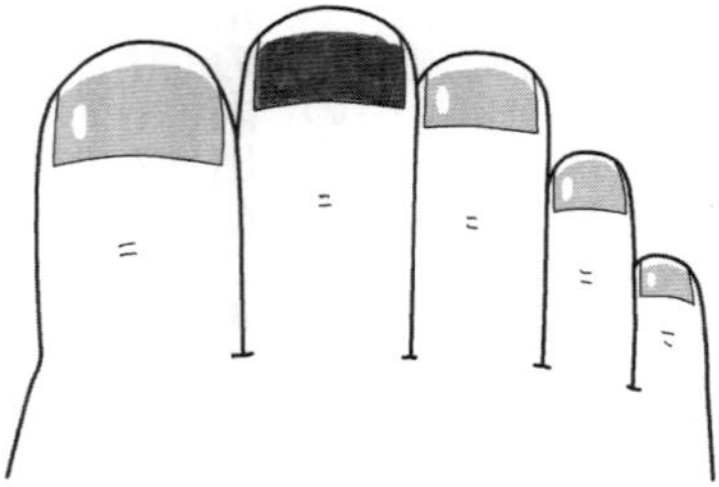

図 3-2　小さすぎるシューズを履くと、指先が圧迫され爪が内出血することも

爪に内出血があると普通は「シューズが小さすぎたからだ」と考えます。最悪なのは、本当はシューズが大きすぎて内出血しているのに「シューズが小さい」と誤解してさらにサイズを上げる場合。足は余計にシューズ内で動くようになるので、内出血はもっとひどくなります。

じっくり試し履きしたつもりでもサイズが大きめになるのは、おそらくヒールカウンターの奥まで確実に踵を収めてフィッティングしなかったからでしょう。

足入れした後、「踵ポンポン」をやらないまま「私に合っている」と早合点して買っていませんか。これだと、踵をヒールカウンターに正しく収めると、爪先にゆとりがありすぎる大きめサイズになるのです。私のクライアントで「踵ポンポンポン」を怠り、1㎝以上も大きなシューズを買ってしまった方もいます。

私は学校に招かれて講演をすることもありますが、部活動をしている子どもたちの素足をチェックしてみると、内出血している子どもが案外多いことに気づかされます。成長期は「どうせすぐに大きくなるから」とお母さんたちは大きめのシューズを買う傾向があります。それが子どもたちの爪の内出血の原因だと私は想像しています。

内出血がひどくなると爪が真っ黒になり、最終的には少しずつ剝《は》がれてしまいます。いずれ新しい爪が出てきますが、シューズが合っていないと、また内出血が起こります。

ランナーにはこうして何回も爪が生え変わる人が少なくないのです。それをランナーの宿命のように受け入れているベテランランナーもいます。それは宿命でも何でもなく、シューズのサイジングが間違っているだけなのです。

◎作法二十五――爪の切り方にもルールがある

爪に関わるトラブルをもうひとつ挙げましょう。陥入爪《かんにゅうそう》、いわゆる巻き爪です。巻き爪とは、爪の両端が丸まり、指の肉（軟部組織）に食い込んだ状態。ひどくなると、食い込んだ爪が軟部組織を傷つけて炎症や化膿が生じます。巻き爪が起こりやすいのは、足の親指です。

巻き爪もまた、小さいランニングシューズを履くと起こります。爪先の幅が狭すぎると指が左右から圧迫されてしまい、その刺激で爪の両端が丸まるのです。女性のハイヒールや男性のロングノーズの革靴のように、先端が極端に窮屈なシューズを履かないようにしましょう。

爪の切り方にもコツがあります。巻き爪を防ごうと深爪をすると、深爪部分の軟部組織が下から盛り上がってくるので、食い込みはかえってひどくなります。

女性はネールサロンなどで爪の切り方を教わるので、比較的爪が正しくケアできています。男性は頻繁に切るのが面倒だからと、深爪をする傾向があります。気をつけてください。

爪の先端の白い部分は、前回切りすぎたところ。**白い部分を切るのではなく、指から出ている部分だけを切ります。**切り揃えるときは、爪が四角形になるように。角を取るように両端を丸く切ると、両端の軟部組織が盛り上がり、爪が食い込みやすくなります。シューズのなかは高温多湿で、雑菌が繁殖しやすい環境です。巻き爪の小さな傷から感染症を起こすと一大事。不自然な変形がないか、爪の状態をつねにチェックする習慣をつけてください。

◎作法二十六――ハンマートゥを防ぐ

小さすぎるシューズで生じるランニング障害に「槌状趾《つちじょうし》」があります。別名ハンマートゥ。ハンマーの先端のように、足の指が横から見ると「く」の字に曲がってしまい、まっすぐ伸びなくなる障害です。

窮屈なシューズを履くと、足全体が圧迫されて指の骨の関節が曲がり、固定化し

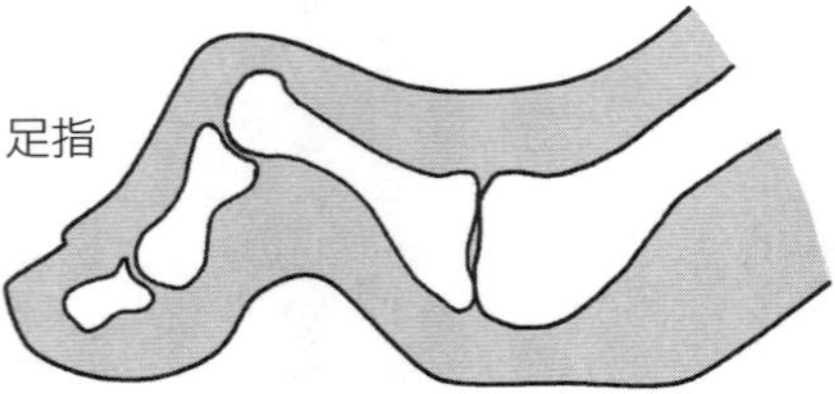

図3-3 窮屈なシューズを履くと、指の骨の関節が曲がり、ハンマートゥになることも

て伸びなくなります（**図3-3**）。とくに爪先が細く小さいハイヒールをいつも履いている女性は、ハンマートゥになりやすいようです。

ハンマートゥでは足の指が十分に使えないので、ランナーにとってはマイナス。

足は26個の小さな骨からなり、関節と筋肉のしなりで衝撃を吸収したり、大地をしなやかに蹴ったりしています。それなのに指が曲がったままフリーズすると、足はその機能を果たせなくなります。足の5本の指の間には、骨間筋という小さな筋肉がありま す。着地時には、この骨間筋が収縮してクッションのように作用し、衝撃を吸収してくれるのです。足の指が曲がったままだと、骨間筋が機能しないので、着地のインパクトがダイレクトに足に加わることになります。

爪下血腫と同じく、ハンマートゥは大きすぎるシューズでも生じます。

大きすぎるシューズで走ると足がなかで動くので、動かないように指を曲げて踏ん張るようになります。これがクセになると、指が「く」の字のまま固定化されてハンマートゥになるわけです。

ハンマートゥを防ぐには、足に合うシューズを履くことが大切です。ハンマートゥになると、足が締めつけられている感じがむしろ心地良くなり、ジャストサイズよりも小さめを選びがち。少しゆとりがあるもの（指が曲がっているからで、指を伸ばすとそれがジャストサイズなのです）を履くと、足が動いてしまう気がして不安なのでしょう。小さいシューズで走ると余計に足の指が曲がりますから、ランニングシューズは慎重にチョイスしましょう。

ハンマートゥの改善には、足の指のストレッチが効果的。風呂や足湯で足を温めてから、足の指を1本ずつほぐすように伸ばしたり、軽く引っ張ったりします。毎日続けていると、足の指の関節の可動域が広がり、指がまっすぐ伸びるはず。

◎作法二十七――シューズは600kmで買い替える

ランニングシューズのソールは通常、アウトソール、ミッドソール、インソールの3層構造になっています。

アウトソールはいちばん外側にあって路面と接する部分で、インソールはシューズ内で足と接する部分。その中間にあるのがミッドソールです。

このうち初心者用のモデルの特徴のひとつといえるのが、アウトソールとミッドソールの充実ぶりです。

アウトソールには、グリップ力に優れ、耐久性が高い硬めの素材が使われています。ミッドソールは、E.V.A.(エチレンビニルアセテート)という柔らかいスポンジ素材で作られることがほとんどです。

多くのシューズのアウトソールとミッドソールには、2つの対照的な仕掛けが隠されています。先に着地するヒール部分には、着地衝撃を吸収する低反発性のパーツが組み込まれています。続いて最後に地面を蹴る前足部には高反発性で蹴り出しを助けるパーツが入っています。インソールにも似たような機能を持たせたシューズもありますが、あくまでも主役はアウトソールとミッドソールです。

アウトソールとミッドソールの機能が低下したら、そろそろ買い替え。

ビジネスシューズやパンプスなら、底がすり減ったり、革が汚れてきたりしてから、買い替えますよね。でも、ランニングシューズは、アウトソールがすり減ったり、アッパーがボロボロになったりする前に寿命が来ます。メーカーによって基準はさまざまですが、**想定耐用走行距離は600〜800㎞ほど。1回5㎞、週3回走るとすると、10か月から12か月で交換する計算ですね。**

真っ先にダメになるのはミッドソールのスポンジ。着地と蹴り出しで圧縮と復元を繰り返しているうち、復元力が低下して堅い板のようになり、本来の機能が果たせなくなるのです。横から見て、ミッドソールが薄くなったり、横ジワが入ったりしたら、交換のサイン。内部のパーツにも寿命が来ていると覚悟してください。

600〜800㎞走ったくらいでは、外見上はまだまだ使える感じだと思います。ここで交換するのは勇気がいることですし、もったいない気持ちになるのも当然で

図 3-4 外見上まだ使えるように見えても、走行 600 ㎞で寿命と割り切る

す。しかし、走力のない初心者ほど、早め早めに交換した方がベター。障害予防になります。外反母趾《がいはんぼし》など足にトラブルを抱えている人はなおさら。毎回走った距離をメモして、600㎞を超えたら無条件で換えるようにしましょう（**図3-4**）。

数年前に一念発起してシューズを買ったのはいいけれど、ランニングは三日坊主で終わった……。そんな人の靴箱に入っているシューズは新品同様でしょうが、こういうケースでもシューズは新たに買い直すべきです。

シューズのスポンジやラバー素材は、使わなくても酸化などで経年劣化します。

ずっと乗らずにガレージに放置していたクルマは、オーバーホールに出さないと乗れないのと同じ理屈です。ランニングシューズは部品の交換などはできませんから、古いものは処分して新しいシューズを買いましょう。

◎作法二十八――交換式のインソールに頼らない

ショップでランニングシューズを買うと「一緒にインソールもいかがですか?」とすすめられることがあります。

インソールとはいわゆる中敷き。ランニングシューズにも最初から入っていますが、インソールは取り外して交換できます。そこで、より高機能なインソールに変えてはどうかという提案なのです。

ショップですすめてくれるインソールは、土踏まずのアーチのサポートや踵のホールドといった機能を備えています。多少高価になりますが、足型に合わせて作るカスタムインソールもあります。

しかし、**足にフィットするシューズがきちんと選べているのであれば、インソールを交換する必要はないと私は思います。**

シューズメーカーは、オリジナルのインソールでランナーの足が守れるような設計をしてくれています。よりスペックの高いものを入れるとむしろ過保護になり、いつまでも走るための筋肉が鍛えられません。これは、コルセットに頼ることで腰痛が慢性化するのに似ています。

腰痛の主な原因は、腰椎の湾曲がきつくなりすぎること。腰椎の過剰な湾曲は、腹筋を鍛えて腹圧を高めると抑えられます。コルセットを締めても腹圧は高まりますが、出番がなくなった腹筋は弱くなり、腹圧は低下。コルセットを外すと、腹圧が落ちた分だけ腰痛がひどくなり、この繰り返しで慢性化する危険もあるのです。

同じように、インソールに頼って走ると足腰が鍛えられない。まずはオリジナルのインソールで、正しいフォームで走ることを心がけましょう。

◎作法二十九――シューズは慣らし運転をする

おろしたてのタオルがちょっとごわごわするように、買ったばかりのシューズは、全体的に硬めです。足に完全にしっくり馴染《なじ》むまでは、ペースを上げて走ると摩擦でマメができたりします。

何回か走るうちに足に馴染むので心配はないのですが、新しいシューズでレースに臨むなら十分履き慣らしてから出るようにしてください。

私自身、２００８年の東京マラソンでこんな失敗をしました。

本番直前、ずっと履いていたシューズの総走行距離がちょうど６００㎞を超えて、ソールが硬くなり始めてクッション性が落ちてきました。

思い切って新しいものに変えるか、履き慣れたシューズで走るか。ずいぶん悩んだのですが、結局は新しいシューズで走ると決断しました。

前日に５㎞ほど走って慣らしたつもりだったのですが、どうやらそれでは不十分だったようです。20㎞すぎから、足裏に水ぶくれができてしまったのです。

事前にメーカーのスタッフに相談したところ、「アウトソールが硬めだから、水ぶくれができないように靴ひもを緩めに締めた方がいい」というアドバイスをもらいました。忠告通りに靴ひもを緩めに調節したつもりだったのですが、それでもまだ締め方が強すぎたのかもしれません。後半は足裏の痛みが気になり、完走はしましたが、残念ながら自分の満足できるタイムではありませんでした。

マラソンでは、F1カーがタイヤを換えるように、レース途中でシューズを交換するわけにはいきません。レースに出場するなら、100km程度走って足に何の違和感もないシューズで走るようにしましょう。

◎作法三十——靴ひもはほどけないように結ぶ

ひとたび走り出したら、ランナーは途中で足を止めることを嫌います。本音をいうと赤信号で止まるのも嫌なくらいです。クルマと同じように、一度止まってから再び走り出すには、いちいちギアを入れ替えなくてはならないので、一定ペースまで速度を上げるのに無駄な労力を使ってしまうからです。

そこで気をつけたいのが、靴ひもの結び方。ランニングの途中でほどけて足を止めずに済むように、正しい結び方を覚えておきましょう。

ほどけにくい靴ひもの結び方を２つ紹介しましょう。

一般的なのは「固結び」。一度「蝶結び」をしてから、できた輪でもう一度締め直す方法です。固結びはもっとも確実な方法ですが、寒くて指先がかじかんで動きにくかったり、雨の日に走って靴ひもが濡れていたりすると、シューズを脱ぐときにほどけにくいという欠点があります。

もうひとつは私がいつもやっている「ウサギ結び」。これならランニング中は絶対にほどけませんし、脱ぐときは簡単にほどけます。１１１ページの写真で結び方を紹介していますので、ぜひ試してみてください。

ほどけないことも大事ですが、きつく結びすぎるのもよくありません。

足の指の骨の間には骨間筋という筋肉があり、足を自在に動かして着地の衝撃を吸収しています。靴ひもを強く締めすぎると、シューズのなかで足の5本の指が圧迫されて動きにくくなるのです。また、足の甲には、神経や血管もたくさん通っています。靴ひもをきつく締めすぎると、これらの神経や血管が圧迫されて、しびれや痛みが出ることもあります。

結ぶときは、爪先はやや強く締め、足首側は少し緩くします。足首側を圧迫しすぎると、土踏まずのアーチが上から押しつぶされて崩れてしまい、アーチのクッション機能が発揮されなくなります。すると足が疲れやすくなるからです。どこをどのくらいの強さで結ぶべきかは、足の形やシューズとの相性によってがらりと変わります。何度か試して自分にとってベストな結び方を発見してください。

ランニングシューズは上まで全部締めても、少し離れて靴ひもを通す孔《あな》が左右にひとつずつ余ります。この孔まで靴ひもを通した方が、足首が安定して走りやすいという人もいます。逆に足首の動きが制限されて嫌だというランナーもいますから、どうするかは好みで決めてください。靴ひもが長すぎるときは、余った孔に通すとちょうどいい長さになることもあります。

ランニングシューズには、靴ひもの代わりにベルクロやダイヤルと連動するワイ

絶対にほどけない「ウサギ結び」の結び方

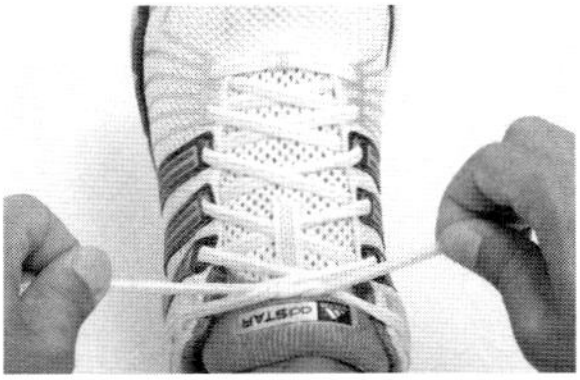

①まずは１回普通に結ぶ

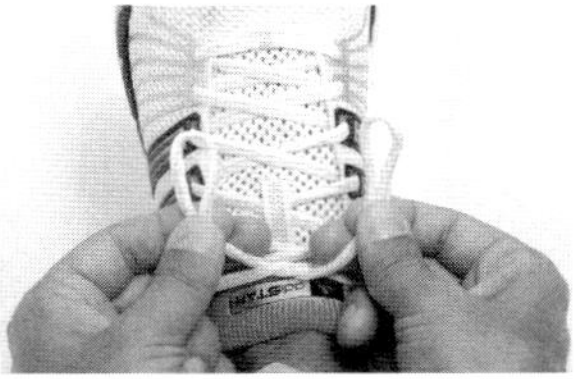

②両ひもで輪をつくりウサギの耳の形に

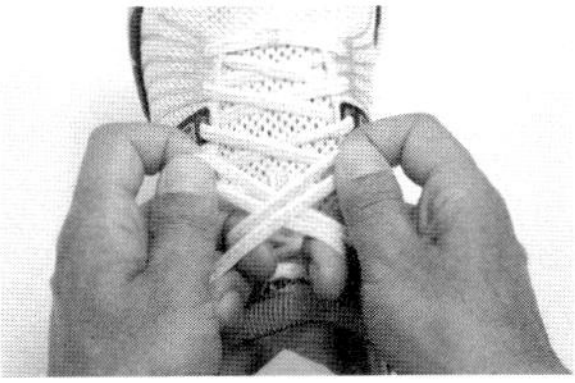

③ウサギの耳をクロスさせる

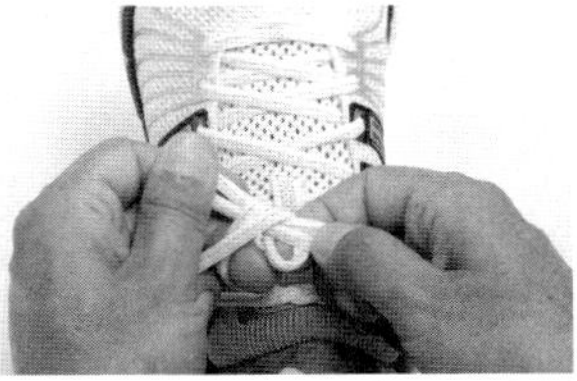

④クロスさせたウサギの耳の右側を下に巻き入れる

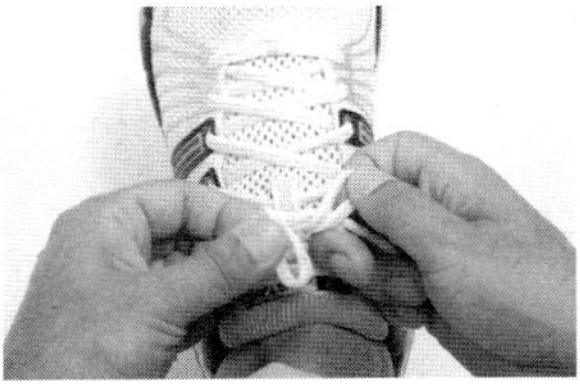

⑤今度は左側を手前に巻き入れる

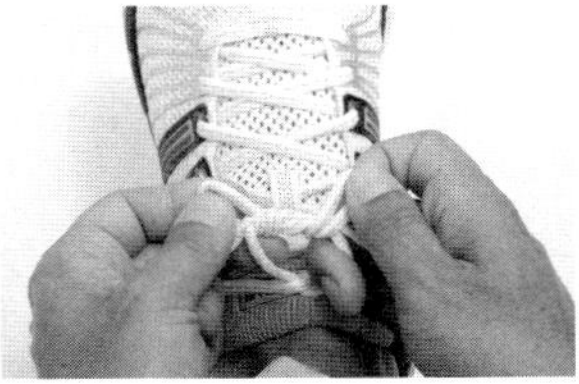

⑥するとこの状態になるので、次に

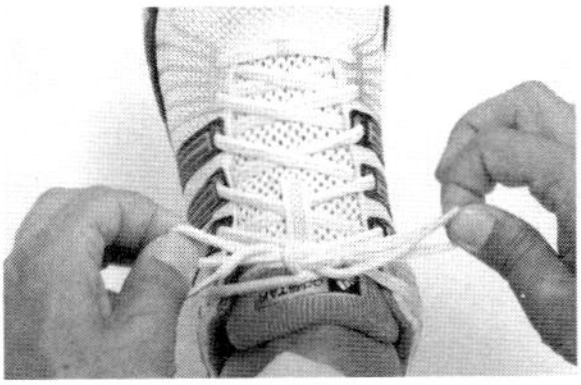

⑦ウサギの耳を両方引っ張る

⑧完成！

ヤーでフィッティングを調整するタイプもあります。好き嫌いはありますが、それで自分に最良のフィット感が得られるなら試してみるのは悪くないですね。

◎作法三十一――靴ひもは毎回結び直す

街履き用のスニーカーでは、買って靴ひもをすべて結んでしまったら、着脱するときはいちばん上だけをほどいたり、結んだりすることが多いですね。

もっとズボラな人は靴ひもをほどいたり結んだりする手間すら惜しみ、靴ひもはずっと結んだままで、スリッポンのように踵を踏んで脱いだり履いたりします。ランニングシューズではそんな使い方は御法度です。

走り終わったら、靴ひもをすべて緩めて、爪先を持って踵から足を抜きます。次に履くときは、足入れして、踵をポンポンと地面に叩《たた》いてヒールカップにすっぽり収めてから、爪先から足首まで靴ひもを丁寧に締めていきます。

脱いだときに靴ひもを全部緩めない人は、反対の足で踵を踏んで足を引き抜いたりします。そういう場面を目にするたびに、私はものすごく悲しい気分になります。ヒールはランニングシューズの最重要パーツのひとつ。その大切なパーツを、ランナーが踏みつけるなんて言語道断です。

靴ひもを強く締めたままだと、次に足入れをする際に窮屈なので、再び踵を踏みながら履くことになります。これを繰り返すとやがてヒールカウンターがつぶれて、足を守る役割を果たせなくなります。

考えてみてください。毎朝鏡を見ると、顔がむくんでいる日もあれば、ほっそりしている日もあります。同じように足の大きさだって毎日変化しています。そればかりではありません。一日のうちでも、朝よりも夕方の方が足は滞留する血液で膨張して大きくなっています。ですから、シューズを足に完全にフィットさせようと思ったら、面倒なようでも、毎回爪先から足首までひもを結び直すことが大切です。このひと手間でランニングはもっと快適になります。

COLUMN

認知症を防ぐ

脳トレの狙いは、脳力の向上というよりむしろ、加齢で低下する脳力を維持すること。日本は世界有数の長寿社会ですが、高齢者はカラダの衰えにも増して、脳が衰えて認知症になることに不安を抱いているようです。運動と認知症の関わりについては、1990 年代にカナダで行われた全国調査が参考になります。65 歳以上の男女およそ 9000 人を対象としたこの大規模な調査では、運動をしない人と比べると、ウォーキング程度の中強度の運動、もしくはウォーキングより強度の高い運動（たとえばランニング！）を週３回以上している人たちは、認知症やアルツハイマー症の発症率が有意に低かったのです。老人ホームの講演会などでは「高齢者がランニングのような強度の高い運動をして大丈夫ですか？」という質問をよく受けます。年齢に関係なく、ずっと運動から遠ざかっている人がいきなり走り出すのはＮＧ。しかし、膝や腰などに痛みや整形外科的の疾患がなく、下半身の筋肉作りやウォーキングから段階的に始めるのであれば、高齢者でも安全に走れます。それに長い距離を走ったり、ましてやフルマラソンに出場したりすることだけが、ランニングではありません。１日５分自分のペースでゆっくり走るのも立派なランニングですし、歩いたり走ったりで散歩のように楽しむのもまたランニング。それでも脳力の低下を防ぐ効用はあると私は思います。

第4章　障害予防の作法

◎作法三十二——走り出す前にストレッチをしない

準備運動（ウォーミングアップ）といえばストレッチ。そんなイメージが強いようですが、**走り出す前にストレッチをすると、ケガのリスクが高くなります。**

ストレッチとは筋肉を伸ばすコンディショニング法の総称です。なかでもポピュラーなのが、反動を使わないで筋肉を静かに伸ばし、筋肉の柔軟性を上げる静的（スタティック）ストレッチ。私が運動前のウォーミングアップに適さないというのは、まさしくそのスタティック・ストレッチなのです。

運動前のウォーミングアップの目的は、運動の主役となる筋肉の血液循環を良くして温度を上げることにあります（図４‐１）。

筋肉の温度（筋温）が低いと、筋肉は粘り気が強くて動きにくい状態。運動には

図 4-1　ウォーミングアップとは、血液循環を促して筋温を上げる運動と心得る

適していません。スタティック・ストレッチの狙いは、筋肉の柔軟性を上げること。筋肉やその両端にある腱に埋め込まれた筋肉の長さを感知するセンサーに働きかけて、緊張を解いて筋肉を緩めます。しかし、筋肉は緩んでも、筋温は上がりません。むしろ粘り気が強くて伸びにくい筋肉を頑張って伸ばそうとすると、逆に筋肉が硬くなってしまう可能性があります。**ウォーミングアップに最適なのは、ウォーキングやゆっくりと走るジョギングのように全身を動かして血液循環を促す運動です。**

私が講演会などで「運動前にストレッチをしないでください」と話をすると、聴衆から「でもテレビのスポーツニュースで、スポーツ選手が運動前にストレッチをしているシーンを観ます」という疑問の声が上がります。

たしかに私もスポーツニュースで、野球選手などが試合前の練習でスタティック・ストレッチをしている場面を見かけることがあります。でも彼らは、その前にゆっくりと走るジョギングなどでウォーミングアップを済ませて、あらかじめ筋肉を温めているのです。ただ走っているところを写しても絵にならないので、ニュースではその部分をカットしているのでしょう。

運動前に筋肉の柔軟性を上げることも大切ですが、一般の人たちがランニングをする場合、ウォーミングアップのみで十分。つまり、ウォーキングやスローペースのジョギングからスタートします。カラダがポカポカと温まってきた感覚が得られたら、徐々にペースを上げる。これでOKです。

ランナーがスタティック・ストレッチをするなら走った後。ランニングでカラダが温まっているので筋肉は伸びやすくなっていますし、ランニングで使った筋肉をケアするうえで、スタティック・ストレッチはとても重要なのです。

◎作法三十三――走る前なら動的ストレッチがいい

走る前に行うべきストレッチは、静的なストレッチではなく、動的（バリスティック）ストレッチ。

バリスティック・ストレッチとは、反動をつけてカラダを大きくリズミカルに動かすストレッチ。おなじみのラジオ体操や、サッカー選手が好んで行うブラジル体操が知られています。

同じストレッチでも、スタティックとバリスティックでは、得られる効果が異なります。前者は筋肉の柔軟性を高めるために行いますが、後者はカラダの動きを滑らかにするために行うのです。

筋肉は勢いよく引き伸ばされると、切れないように反射的に縮もうとします。これを伸張反射といいます。バリスティック・ストレッチは、この伸張反射に関わる

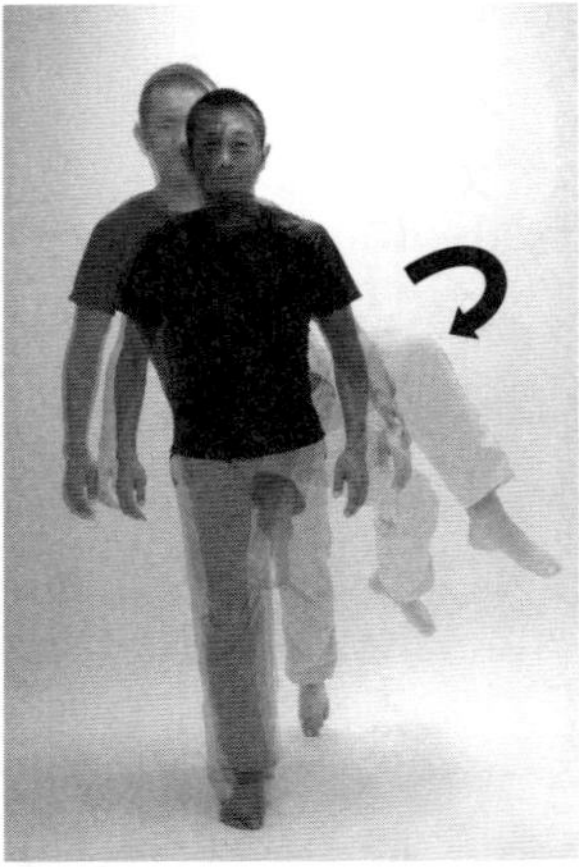

股関節を柔らげる動的(バリスティック)ストレッチの一例

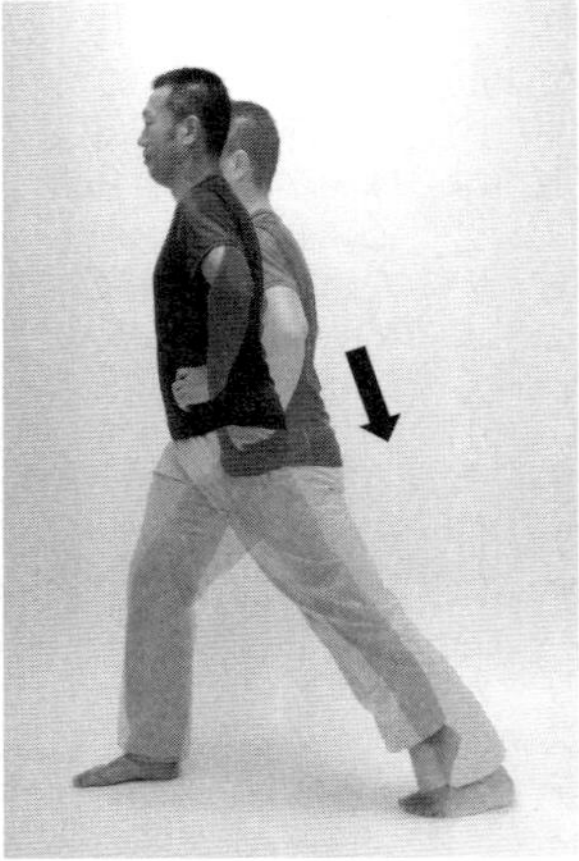

アキレス腱を伸ばす動的(バリスティック)ストレッチの一例

神経回路(α《アルファ》運動ニューロン)を適度に興奮させることで、筋肉の収縮を促して動きやすいようにチューニングするのです。

急激に強い力をかけると過度な伸張反射が起きてしまい、かえって筋肉は縮こまって動きにくくなります。ラジオ体操のようにあくまで軽く、優しく、ゆっくりとカラダを動かしてやるのがポイントです。

カラダをダイナミックに動かすバリスティック・ストレッチには、血液循環をよくして筋肉を温めるウォーミングアップの効果もあります。

カラダの芯《しん》が温まり、安静状態よりも関節がスムーズに曲げ伸ばしできていると感じられるまで続けてみましょう。走る前に行うなら、腕や足を大きく回して、ランニングで使う肩や足のまわりの筋肉と関節を整えておいてください。

走り出す直前に、爪先を軸に足首をくるくる回すような動作をするランナーもいますが、これはあまりおすすめできません。足は細かい骨が積み重なったものですから、足首を回すとその積み木の位置が微妙にずれてしまいます。足の骨がずれた状態で走り出すと、カラダの負担になります。

◎作法三十四——風呂上がりのストレッチで障害予防

ランニングを終えたら筋肉が温まっているうちにスタティック・ストレッチを。風呂で汗を流して着替えたら、すぐに取りかかってください。

すでに触れたように、スタティック・ストレッチには運動で硬くなった筋肉の柔軟性を高める効果があります。

筋肉は運動神経の刺激で縮むときに力を出し、運動神経のスイッチがオフになると元の長さに戻ります。元の長さに戻るときは、血液が運んできた酸素と栄養素で作るエネルギーが必要です。ところが、運動の直後は運動神経が興奮していてスイッチがオンになったまま。筋肉内の酸素や栄養素も不足気味なので、筋肉は縮みっぱなしで硬くなります。

硬くなった筋肉をそのままにしておくと、血管が圧迫されて血行が悪くなります。すると元の長さに戻るために必要な酸素も栄養素も欠乏しますし、筋肉内に溜まった疲労物質や老廃物の排出も滞ります。これでは疲れが取れませんね。

血行不良で一時的に筋肉がエネルギー不足になると、鈍い痛みを感じるようになります。これは無人島に流された人が救助を求めてあげる〝のろし〟のようなもの。周囲の細胞が痛みを起こす物質を出して「早く解決してくれ！」と知らせているのです。

硬くなったうえに疲れや痛みが取れないと、筋肉の動きは悪くなります。そのま

わき腹と太もものつけ根の筋肉を伸ばす静的(スタティック)ストレッチの一例

お尻の筋肉を伸ばす静的(スタティック)ストレッチの一例

まにしておくと走りにくいし、筋肉で着地の衝撃を吸収できないのでケガの誘因になります。それを予防するのが、運動後のスタティック・ストレッチなのです。

ゆったり呼吸をしながら、カラダを20～30秒かけて静かにゆっくり伸ばすと、筋肉は緩みやすくなります。筋肉が緩むと血流が改善し、酸素と栄養素が供給されるので、筋肉はさらに柔軟に。疲れも痛みもなくなります。

スタティック・ストレッチの効果について、アメリカスポーツ医学会

は「週3～4回、3か月以上継続することで、多くの人に柔軟性の向上が見られる」としています。できれば走らない日もストレッチは欠かさずに。風呂上がりにカラダがポカポカと温まっているときに行うと、筋肉は伸びやすくなります。

◎作法三十五――部位を絞って3ウェイで伸ばす

ランニングは全身運動ですから、理想をいうと、全身の大きな筋肉をひと通りストレッチしてやる必要があります。しかし、そうすると種目が多くなり、すべて終えるのに30分以上かかります。

トレーナーとしての私の指導経験からいうと、あまり時間がかかりすぎると、面倒に感じてストレッチそのものをまったくやらない人が増えます。それでは何にもならないので、太ももやふくらはぎなど障害を起こしやすいところにポイントを絞り、ストレッチはなるべく短時間で効率よく済ませるようにしましょう。

ランナーに裏技としておすすめしたいのは、3方向に伸ばす3ウェイストレッチ。

ランニングで酷使する下半身の筋肉は、幅も厚みもボリュームたっぷり。1方向だけに伸ばす普通のストレッチでは、隅々まできちんと伸ばせないこともあります。そこで方向を微妙に変えながら、3方向にストレッチしてみましょう。1方向のみのストレッチよりも、下半身の柔軟性が高まりやすくなります。私が監修している「アディダス」のランニングサイト（www.adirepublic.jp/）では、ランナーのための3ウェイストレッチを動画で紹介しています。一度チェックしてみてください。

伸びやすい部位を伸ばすのは気持ちが良いものですが、硬い筋肉を伸ばすのはひと苦労です。けれど、気持ちいい部位ばかりをやり、肝心の硬い部分のストレッチが疎かにならないように気をつけてください。柔らかいところがますます柔らかくなり、硬いところがどんどん硬くなると、骨格のバランスが崩れます。すると姿勢やフォームに悪い影響が出てきます。

柔らかくて痛みも感じない筋肉はとくにストレッチをする必要はありません。どこが硬くてどこが柔らかいのか。自分のカラダをつねにチェックして、硬いところを優先的にストレッチ。全身の柔軟性のバランスを整えていきましょう。

◎作法三十六——足裏のストレッチを優先する

ランニングのセミナーで「走るとどこの筋肉をいちばんよく使いますか」と質問をすると、ランナーからは太ももの前と後ろ、お尻やふくらはぎという声が上がります。

たしかにこれらの部分も使っていますが、もっとも強いインパクトを受けているのは足裏です。続いて足首、ふくらはぎとすねの筋肉、膝関節、太ももの筋肉、股関節、骨盤と、リレーをするように下から上に関節が曲がり、筋肉が収縮して着地衝撃を滑らかに吸収しているのです。

太ももやふくらはぎはランナーが好んでストレッチする部位ですが、着地した瞬間に強い衝撃を受ける足裏をストレッチしている人は少ないようです。忘れずに毎回ケアしてください。

やり方はとても簡単。正座をして爪先立ちになり、足の裏をぐっと伸ばすだけでOKです。このポーズなら、シャワーを浴びながらでも、テレビを観ながらでもできます。

ストレッチを怠って足裏に疲労が溜まると、足底筋膜炎《そくていきんまくえん》などの障害を起こす可能性があります。

足底筋膜とは、踵の骨から足の指の骨に向かって扇状に広がるサポーターのようなもの。弓の弦のような存在で、適度なテンションをかけることで足裏にアーチを作っています。その結果できるのが土踏まずです。

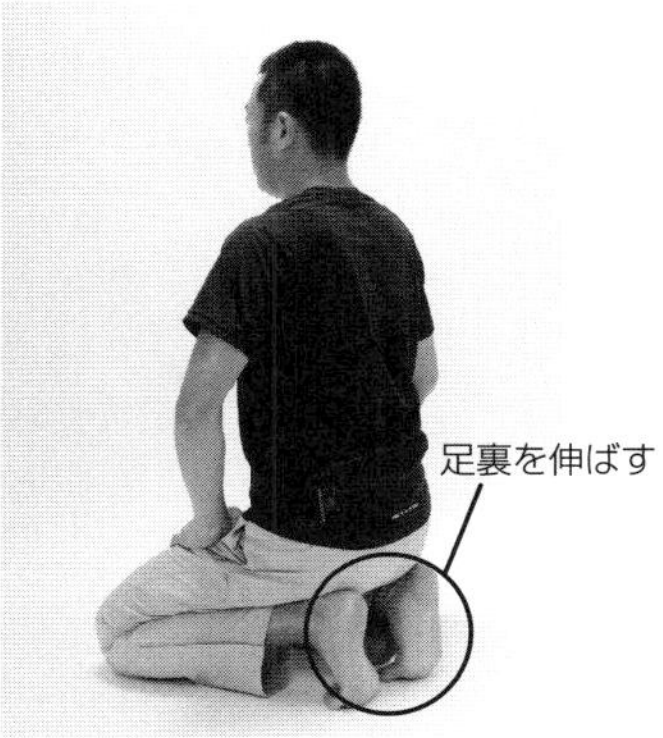

正座をして、足の裏をぐっと伸ばすストレッチ

足裏には縦にも横にも足底筋膜が作るアーチがあり、着地時に縦横のアーチがつぶれて衝撃を吸収し、足底筋膜の張力で次の着地に備えてまたアーチができます。この足底筋膜に炎症が起こるのが、足底筋膜炎です。

足底筋膜炎はランナーに多発する障害です。バルセロナ、アトランタと2大会続けて五輪の女子マラソンでメダルを獲得した名ランナー、有森裕子さんも現役時代、両足とも足底筋膜炎の手術をしています。

私も昔一度なりかけた経験があります。**足底筋膜炎になると、朝ベッドから起きて床に足をついた瞬間に痛みが走ります。朝起きて「あ、足裏が痛い」と思ったら、それは足底筋膜炎のサインです。**

足底筋膜炎は、アーチが低い扁平足《へんぺいそく》でも、アーチが高すぎるハイアーチの人でも、なりやすい障害です。

足底筋膜が長すぎるか、もしくは張力が弱すぎると、アーチがフラットに近い扁平足になります。扁平足では着地の衝撃がダイレクトに足底筋膜にかかり、炎症が生じます。アーチが低すぎる人は、ストレッチに加えて、テーピング機能がついたソックスでアーチを引き上げて走ってやると障害予防につながります。アーチが高い人も低い人も、床に置いたタオルを足の指で引き寄せる「タオルプル」というエクササイズで足底筋膜を強化すると、障害の予防につながります。

ハイアーチの人は、足底筋膜が短すぎるか、張力が強すぎるか。着地のたびに足底筋膜が瞬間的に引き伸ばされるので、炎症が起きやすくなります。

扁平足やハイアーチでなくても、現代人は足底筋膜炎になりやすいと言われています。それは普段の過保護ゆえ。裸足で歩く機会が少なく、靴を履いている時間が長いと、足裏のアーチを使うチャンスはほとんどありません。出番が少ない足底筋膜は、弱く硬くなっています。そんな状態でいきなりランニングを始めると、急激な衝撃が足裏にかかるわけですから、炎症が起こるのも無理はないですね。

◎作法三十七——シンスプリントを予防する

足裏のアーチがうまく衝撃を吸収してくれないと、シンスプリント（脛骨《けいこつ》過労性骨膜炎）というすねの障害につながることがあります。

シンスプリントでは、すねの脛骨の内側のきわを触ると強い痛みが走ります。これもビギナーによく見受けられます。「シン」とはすねのことで、スプリンター（短距離走者）に多く発生することから、こう名づけられました。

シンスプリントは、慢性コンパートメントシンドロームの一種。コンパートメントとは列車やレストランなどの区画された個室のこと。ここでは、筋肉を包んでいる筋膜を差しています。

ランニングでは、足首を動かすふくらはぎの筋肉（下腿三頭筋《かたいさんとうきん》）を酷使します。すると下腿三頭筋を包んでいる筋膜に強いプレッシャーがかかり、内圧が高まります。下腿三頭筋のコンパートメントの内圧が高くなり、そのプレッシャーに耐え切れなくなると、隣接するすねの骨（脛骨）を包む骨膜が部分的に剝離《はくり》します。こうして生じるのがシンスプリントです。

すねの前脛骨筋にも原因があります。前脛骨筋は、歩くときなどに爪先を上げる動作で使われる筋肉。あまり歩かない人や、歩くときに爪先を上げないで足を引きずる傾向がある人は、弱くなっています。ふくらはぎの下腿三頭筋はかなりボリュームがある筋肉ですが、それと比べて前脛骨筋は薄くて弱い。そのまま走ると脛骨にかかる負担が増えて、骨膜が剝がれやすくなるのです。

たとえば、椅子に坐った状態でつま先を上げるトレーニングをするだけでもシンスプリントの予防になります。

◎作法三十八――スポーツ障害予防の万能ワザ、アイシングを覚える

ランニングを続けていると、下半身にダメージが蓄積してさまざまなスポーツ障害を招きます。その被害を最小限に抑えるのに有効なのが、アイシング。

アイシングとは文字通り冷やすこと。日常的な軽い筋肉痛から、足底筋膜炎やシンスプリントといったスポーツ障害まで、応用範囲が広いのが長所です。

打撲、炎症、捻挫、肉離れといったケガは、温度管理次第で治りが早まったり、逆に長引いたりします。患部を冷やすべきか、それとも温めるべきか。厳密にいうと状況によりけりですが、**私たちトレーナーの間では「迷ったら、冷やす」が合言葉**。その第一の理由は、アイシングは万能と呼べるほど障害や外傷への適応範囲が広いこと。第二の理由は、万一冷やすべきところを温めたときのリスクよりも、温めるべきところを冷やしたときのリスクの方が低いからです。

アイシングの最大の効用は、二次的低酸素障害の予防。二次的低酸素障害とは、

一次的な障害のダメージの後に起こる、二次災害のようなものです。

筋肉や靭帯などの組織に耐えられないような力が加わると、局部的に細胞が破壊されます。動物の細胞はひとつひとつが細胞膜で包まれていますが、細胞が破壊されると細胞膜が破れてしまい、内部を満たしていた細胞液が周囲に流れ出します。同時に細胞に酸素を供給している毛細血管が切れるので、内出血も起こります。

流れ出した細胞液や血液は、堤防が決壊して川の水が住宅を浸水させるように、一次的なダメージを受けていない周囲の細胞に広がります。その結果、これらの細胞に血液を運んでいる毛細血管が圧迫されて酸素の供給が滞り、低酸素障害で傷ついていなかった健康な細胞までバタバタと死んでいきます。これが二次的低酸素障害。時間が経って死んでしまう細胞が増えるほど、ケガの治りは遅くなります。

ケガ後の腫れは、細胞液や血液が流れ出し、さらにそれを治そうとダメージを受けた部分に免疫細胞などが集まってくることによって生じます。腫れ始めたときには、すでに二次的低酸素障害は広がっているのです。

アクシデントの直後、腫れる前にアイシングをすると、冷やされた患部の細胞や

血管が収縮して、細胞液や血液の流出が最小限に抑えられます。また、冷やされるとまわりの細胞の代謝のレベルが低下。少ない酸素で活動できるようになり、低酸素状態で死ぬ細胞の数を減らす効果もあります。

この他、アイシングは神経や筋肉にも働きかけます。冷やすと神経細胞の代謝レベルも低下しますから、痛みを感じにくくなります。また筋肉は温度が低いほど粘性が上がり、動きにくくなります。アイシングにより患部が不用意に動かないように固定化し、安静に保つ効果も期待できるのです。

とにかくケガをしたら1秒でも早くアイシングすることが大事。数年前、その効果を実感したこんな出来事がありました。

海外のスポーツイベントでスカッシュのプレー中に、私の目の前で太ももの後ろ側（ハムストリングス）の肉離れを起こした人がいました。肉離れとは、筋肉を構成する筋線維が部分的に切れてしまう外傷です。

そこで私はその人にすぐＲＩＣＥ（ライス）処置を行いました。ＲＩＣＥとはスポーツ外傷の基本的な対処法で、Rest（安静）、Icing（アイシング）、Compression

スポーツ外傷の基本的な対処法「RICE」処置

R est（安静）
I cing（アイシング）
C ompression（圧迫）
E levation（挙上）

（圧迫）、Elevation（挙上）の頭文字を並べたもの。

安静とアイシングの効用はおわかりだと思いますが、さらに圧迫することで破壊された組織からの細胞液や血液の滲《し》み出しを抑え、患部を心臓よりも高く挙上して内出血を抑えるのです。時計を見て確認したところ、氷を用意してRICE処置が終わったのは約13分後。すると1日目は痛くて一歩も歩けなかったのに、RICE処置のおかげで2日目にはもう歩けるようになったのです。

しかも帰国してみると、偶然同じ日に日本で私のクライアントのお姉さんが肉離れをしていました。話を聞くとケガの部位も程度も同レベル。ところがRICE処置を行わなかったので、歩けるようになるまで2週間以上かかったそうです。

ただしアイシングが適さないケースもあります。こむらがえりのような筋肉のけいれんは冷やすと余計ひどくなります。筋けいれんは温める方が正解。また、寒冷刺激でじんましんができる人、心疾患を患っている人もアイシングは避けましょう。

◎作法三十九――保冷剤で手軽にアイシングする

では、具体的なアイシングのやり方を説明します。

アイシングでは、アイスバッグ（スポーツ用の氷嚢《ひょうのう》）に氷を入れて使うのが一般的。スポーツ用のアイスバッグはひだ状の立体構造をしており、カラダのカーブに応じて自在に変形するので、患部に当てやすいのが特徴です。

肉離れなどの重いケガに対するＲＩＣＥ処置の一環としては、「２・２・２の法則」でアイシングを行います。患部を2時間おきに20分ずつ、２日間（48時間）にわたって継続的に冷やし続けるのです（事前に必ず医師の診断を受けてください）。

走るたびにこれを行うのは大変ですから、普段は走り終わってストレッチをして

「2・2・2の法則」でアイシング

患部を**2時間おき**に**20分ずつ**、**2日間**（48時間）にわたって継続的に冷やし続ける。

も疲れや痛みが抜けない部位に、20分ほどアイスバッグを当て続けるだけで十分。それでも疲れや痛みが軽くならないときは、2時間たってからまた20分間アイシングしてみてください。

手元にアイスバッグや氷がないときに重宝するのは、保冷剤。ケーキなどの生菓子をテイクアウトすると、店で保冷剤をつけてくれますよね。あれを捨てないで取っておいて、冷凍庫にストックしておきます。そして必要なときに取り出して、患部にテープや料理用のラップで巻いて固定するのです。

生菓子などにつけてくれる手札サイズの保冷剤は、20分ほどたつとちょうど解凍されて常温に近くなります。患部が広い場合は、数個並べて使いましょう。何個か冷凍庫にストックしておくと、途切れることなくアイシングが続けられます。

市販のコールドスプレー（冷却スプレー）はスポーツ障害の応急的な処置には向かないといわれています。無料でもらえる保冷剤で効果的にアイシングできるなら、わざわざスプレーを買う必要もありませんね。

◎作法四十――ストレッチで膝痛予防する

ランナーにもっとも多いトラブルは膝と腰の痛み。私の印象としては、男性に膝痛が多く、女性には腰痛が多いようです。

ひと口に膝痛といっても原因や症状はさまざま。**あえてトップ2を挙げるなら、腸脛靭帯炎《ちょうけいじんたいえん》と鵞足炎《がそくえん》です。**

膝を曲げると外側が痛む場合は、腸脛靭帯炎が疑われます（図4-2）。

腸脛靭帯とは、太ももの外側を走る丈夫な靭帯。靭帯とは骨と骨を連結するサポーターのようなものです。腸脛靭帯は、骨盤（腸骨）から、膝関節を飛び越し、すねの骨（脛骨）についています。

膝関節をまたいでいるため、膝を屈伸するたびに、腸脛靭帯は前後に移動します。

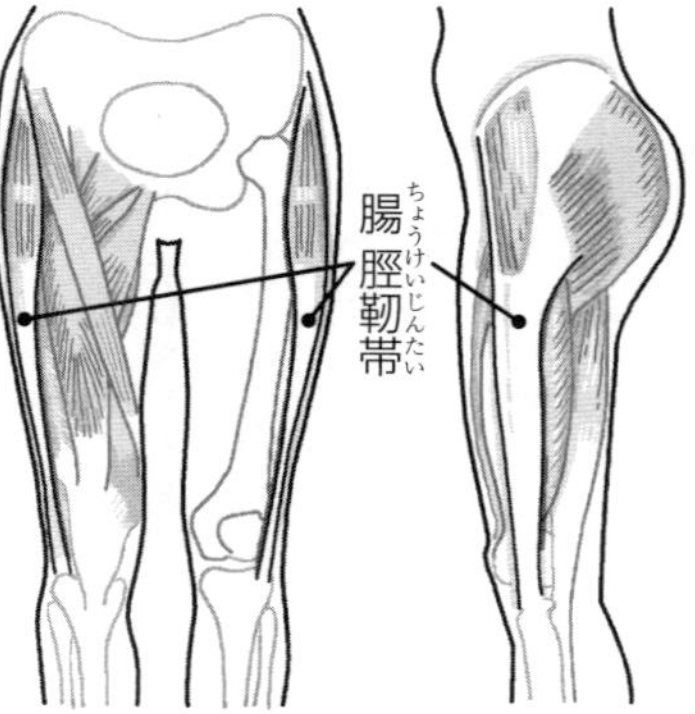

図 4-2　膝を曲げると外側が痛む場合は、腸脛靭帯を傷めているかも

この靭帯に十分な柔軟性があり、膝関節との間に適度なゆとりがあれば何も問題はありません。しかし、O脚気味で腸脛靭帯が引っ張られていたり、腸脛靭帯が硬かったりすると、膝関節との間にゆとりがなくなります。そのため、膝を屈伸するたびに、腸脛靭帯と膝のお皿（膝蓋骨《しつがいこつ》）や脛骨がすれて、炎症と痛みが生じるのです。

膝を曲げると内側が痛い場合、鵞足炎が疑われます。

鵞足とはガチョウの足という意味。太ももの裏側には、ハムストリングスという筋肉があります（**図4-3**）。

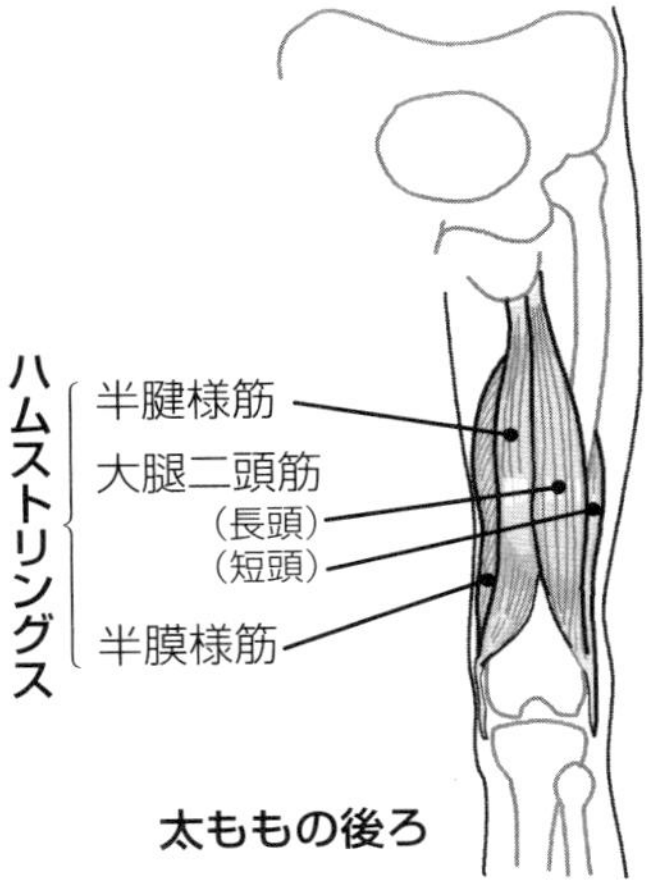

図4-3 膝を曲げると内側が痛い場合は、ハムストリングスを傷めているかも

ハムストリングスは半腱様筋、大腿二頭筋、半膜様筋という3つの筋肉の総称。このうち骨盤から伸びる半腱様筋の末端は腱となり、脛骨の内側についています。骨と骨をつなぐのが靭帯なら、筋肉と骨をつなぐのが腱。脛骨の付着部では3本の腱がまとまりますが、これをガチョウの足に見立てて鵞足部といいます。

半腱様筋をはじめとするハムストリングスが硬いと、走るたびに鵞足部が引っ張られて炎症が起こり、痛みが出てきます。これが鵞足炎です。

トップ2に続いて多いのが、膝頭《ひざがしら》、

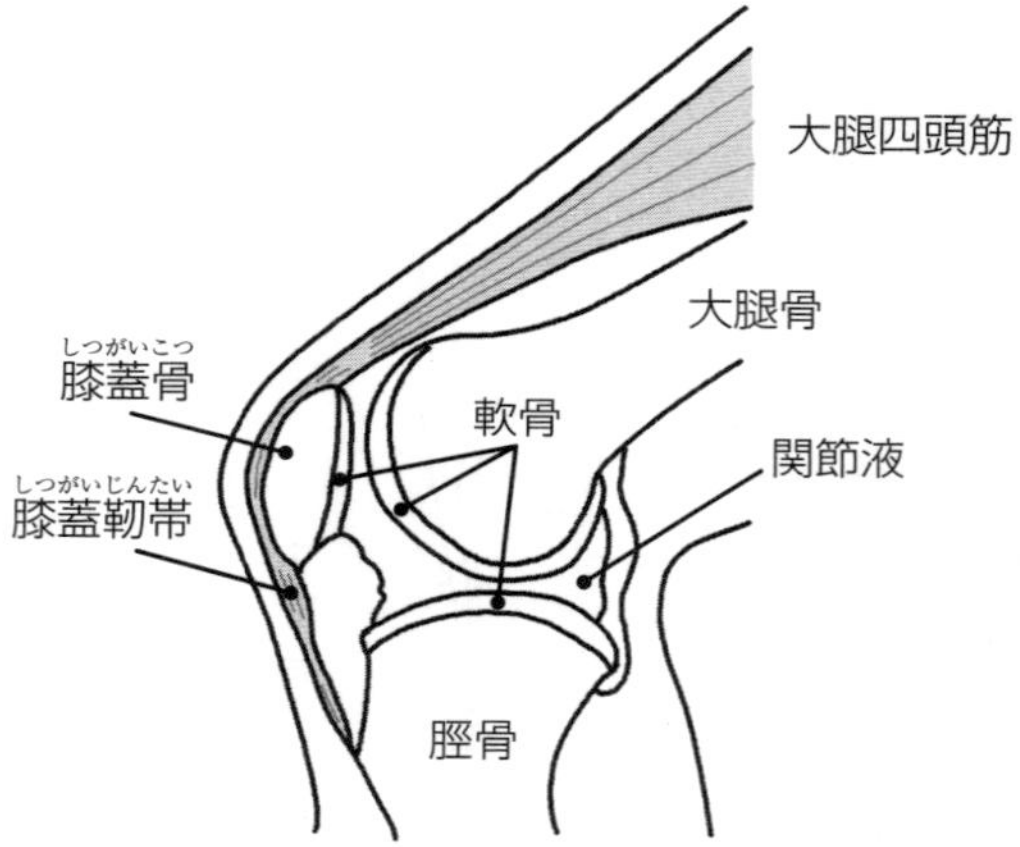

図 4-4　膝頭が痛む場合、膝の靭帯を傷めているかも

特にお皿の上の痛み。これは膝蓋靭帯炎が疑われます（図４‐４）。バスケットボールやバレーボールのようにずっとジャンプを繰り返すスポーツで頻発することから、別名「ジャンパーズニー」とも呼ばれます。

　膝蓋靭帯とは、膝のお皿と脛骨を結ぶ靭帯。その上には、太もも前側の大腿四頭筋が覆いかぶさっています。大腿四頭筋はジャンプやランニングなどのときに膝を伸ばす筋肉。極めて強い力が出せる筋肉で、ここが硬いと膝蓋靭帯のストレスになり、炎症が生じやすくなります。

この他、膝のお皿の下が痛くなる障害に、オスグッド・シュラッター病があります。これは成長期の子どもに多く、膝蓋靭帯の付着部が傷んだり、剝がれたりするもの。骨が成長している最中に、スポーツで大きな負荷をかけてしまうのが原因で、大人になって起こることはないといわれています。

このように膝痛にはいろいろなパターンがあります。でも共通しているのは、筋肉の柔軟性低下から起こる靭帯や腱の障害だということ。

膝関節には、たくさんの靭帯や腱が集まっています。靭帯や腱は新陳代謝がそれほど活発ではないので、一度傷めてしまうと治りにくい組織です。膝の靭帯と腱をしっかりと守るために、膝まわりの筋肉のストレッチを忘れないで続けるようにしてください。

簡単なのは、立った状態で片方の足首を同じ側の手で持ち、膝を後ろに引っ張るストレッチ。この太もも前部のストレッチは、街で信号待ちをしながらでも気軽にできますね。

◎作法四十一――腰まわりをケアする

ランニングの着地のストレスは、腰にもかかっています。

ヒトの背骨は、横から見ると緩やかなS字カーブを描いています。これはスプリングのようにたわみ、歩行やランニング時の衝撃をサスペンション機能で分散するためだと考えられています。

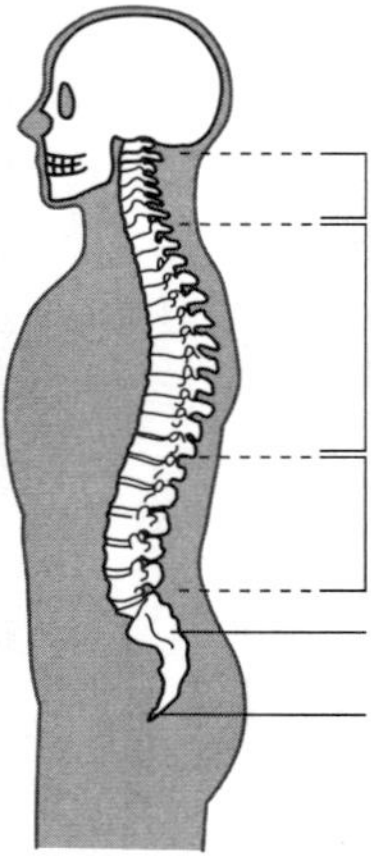

図4-5　背骨の仕組み

走るときのインパクトが集中するのは、腰椎《ようつい》（図4-5）。背骨の末端は仙骨《せんこつ》と尾骨《びこつ》で、骨盤と一体化しています。そのすぐ上にあり、背骨の根元にあたるのが腰椎《ようつい》。椎骨《ついこつ》という平らな骨がブロックのように5つ積み重なっており、前方に緩やかにカーブしているのが特徴です。腰椎には上半身の重み

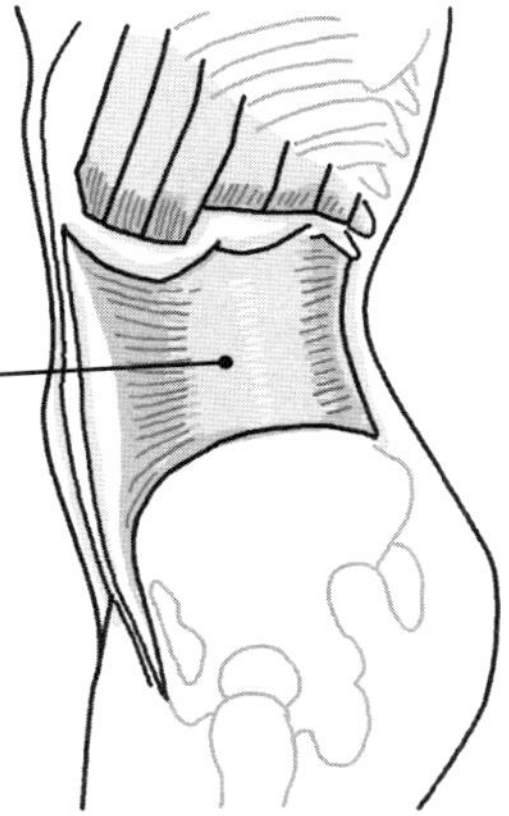

図 4-6　コルセットのように働き腰痛防止の鍵になる腹横筋

が加わり、さらに走ると下から着地衝撃がかかります。上下から圧迫されると、腰椎の前向きのカーブ（前湾）は強くなります。

本来なら、お腹《なか》をさらしのようにラッピングしている腹横筋《ふくおうきん》という筋肉がコルセットのように働き、腰椎が過剰に前湾しないように保護しています（**図4-6**）。腹横筋は、腹筋群のいちばん深いところにある深層筋（インナーマッスル）。ところが、運動不足だと腹横筋は衰えています。腹横筋が弱いとコルセット機能が働かないので、腰椎の前湾がひどくなります。それがまわりの神経や筋肉を圧迫すると、腰痛が出るのです。

運動習慣がある人でも、長時間のランニングで疲れてくると、腹横筋のコルセットが緩みがちになり、腰のストレスになります。

大切なのは、腹横筋を意識すること。ランニング中は腹筋に注意を向けて、腹横筋のコルセットが緩まないように気をつけてください。

また背中側の筋肉が硬いと、弓を絞るように腰椎の前湾が強まります。赤ちゃんがお腹の中にいるときのようなイメージで、両膝を胸の前で抱えるなどして、背中の筋肉（脊柱《せきちゅう》起立筋《きりつきん》など）をストレッチで緩めておくことも大切です。

◎作法四十二――太りすぎで走らない

膝と腰が痛くなる背景のひとつに太りすぎがあります。

膝関節は、太ももの大腿骨とすねの脛骨が接しているだけ。構造的に不安定なので、その上にかかるウェイトが重くなるほど膝の負担が増えます。

あなたのＢＭＩ（体格指数）は？

体重（kg）÷ 身長（m）÷ 身長（m）＝ＢＭＩ

例：身長 170 ㎝／体重 70 kgの人

70（kg）÷1.7（m）÷1.7（m）＝24.2

ベストのBMIは 22 なので、体重はオーバー気味……

一方の腰部は上半身と下半身のジョイント部分。上半身の重みがずっしりと加わりますし、ウェイトが重いほど着地衝撃も大きくなります。このダブルパンチで腰椎の湾曲が不自然になり、腰痛の引き金となるのです。

走り出す前にチェックしてもらいたいのは、ＢＭＩ（体格指数）。これは体重をメートル換算した身長で２回割ったもの。体重70kgで身長１７０㎝（１・７ｍ）なら、70÷1.7÷1.7≒24。理想的なのはＢＭＩ22。日本肥満学会の基準によると、ＢＭＩ25以上だと肥満です。

膝も腰も大事ですが、ランニングは効率良くカロリーを消費して体重を落とすので、太った人ほど本当は積極的に走るべきです。

走るか、走らないか。大いに悩みますが、スピードや距離を慎重にコントロールし、カラダの様子を見ながら走る方が私はベターだと思います。走って体重が落ちると、膝や腰の痛みが軽くなるケースも多いのです。

膝や腰に不安があるなら、カラダのインパクトの少ない運動で体重を落としてから走るようにします。**BMI25前後ならウォーキング、それ以上太っている人は水中ウォーキングや自転車で体重を減らす努力をしましょう。**

水中では水の浮力で体重が陸上の10分の1ほどに減りますから、肥満の人でも安心してウォーキングできます。ケガをしたスポーツ選手のリハビリに使われるほどですから、水中でのエクササイズはカラダへの負担が少ないのです。

運動と同時に見直してほしいのが食生活。いくら運動しても、そこで消費されるカロリー以上に食べていると体重は落ちないのです。

1日に摂取すべきカロリーの目安は、体重1kgあたり30キロカロリー前後。体重70kgなら2100キロカロリーです。これをオーバーするカロリーを摂っていると、多少走ったくらいでは痩せないでしょう。

歩いても走っても体重が落ちないのなら、摂取カロリーが多すぎる証拠。油モノを減らしたり、主食のご飯やパンを控えめにしたりするなどして、栄養バランスを考えながら食事のカロリーを少しカットしてください。

◎作法四十三――走るための筋トレは何歳になっても諦めない

膝と腰の関節では、靭帯という丈夫な組織がサポーターのように機能して、膝や腰の動きを安定させています。

それにも増して重要なのが、関節まわりの筋肉の働き。ランニングのような運動時には筋肉の力で関節の不自然なブレやねじれを抑えているのです。

靭帯は基本的に鍛えられませんが、筋肉は適度な負荷をかけてトレーニングすると機能を高めて強化することが可能。それが膝や腰のストレスを軽減する安全弁の役割を果たしてくれるでしょう。

膝と腰を守るために筋肉を鍛えましょうと提案しても「もう若くないから筋肉は

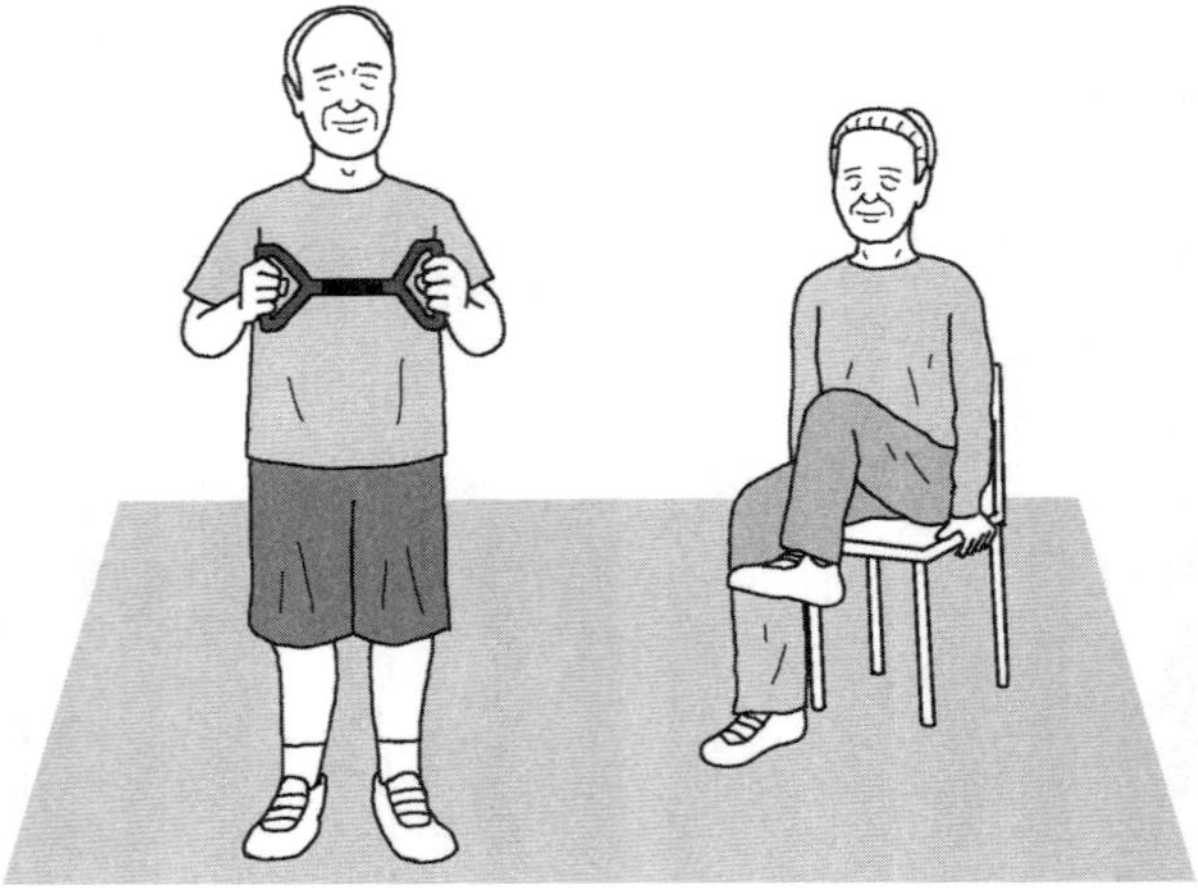

図 4-7　何歳になっても筋力がアップすることは、科学的に実証されている！

強くならないのではないか」と諦めてしまう方もいます。たしかに、**何も運動をしないと筋肉は減り、筋力は年1％の割合で衰えていきます。でも、どんな年代でも正しくトレーニングすると、筋肉はちゃんと増えて筋力も上がるのです（図4-7）**。

かつては筋肉の細胞は生後増えないとされていましたが、トレーニングをすると筋肉内に潜んだサテライト細胞というスペアの細胞が新たに成長。筋肉が増えることもわかっています。年齢を重ねても、筋トレで刺激をしてやると、こうした筋肉の増殖機能が目覚めるのです。

平均年齢81・6歳の高齢者18名を対象としたテストでも、足腰の筋肉を鍛えると筋力は強くなり、より速く歩けるようになりました。足腰の筋力トレーニングはランニング障害予防、さらには走る力を高めることにつながると私は思います。

◎作法四十四——膝と腰の痛みを軽視しない

膝と腰の痛みが強いとき、あるいは体重が減り、筋トレでまわりの筋肉を鍛えても痛みが続く場合は、医師の診断を要することもあります

膝と腰でランナーが気をつけるべき例をひとつずつ挙げておきます。

膝痛で要注意なのは、変形性膝関節症。加齢とともに、太ももの大腿骨とすねの脛骨の間にある軟骨がつぶれてすり減る病気です（図4-8）。

変形性膝関節症をそのままにしておくと、骨と骨が直接当たるようになり、やがてその刺激で骨に小さなトゲができたり、軟骨がさらにすり減ったりします。

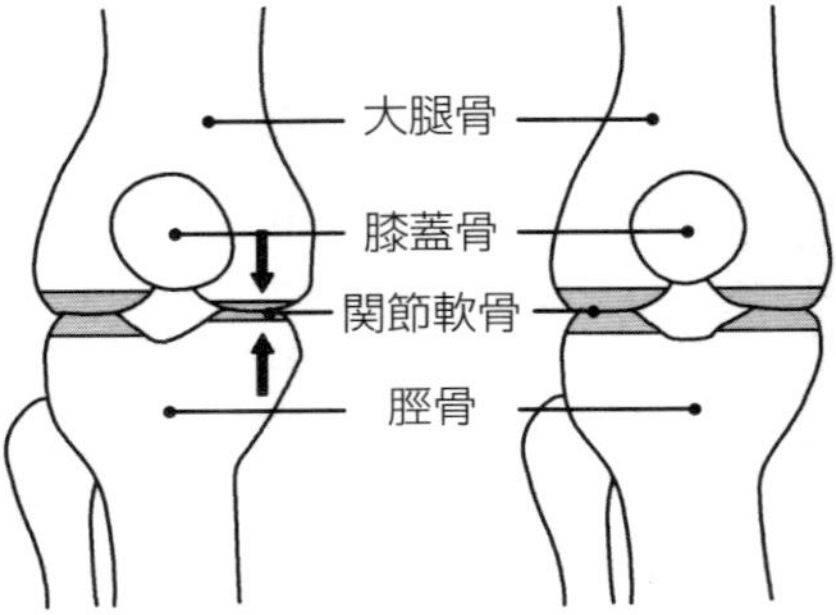

図 4-8　膝痛で要注意の変形性膝関節症。太ももの大腿骨とすねの脛骨の間にある軟骨がつぶれてすり減る病気

軽度な変形性膝関節症による膝の痛みは、走っているうちに和らぐことが多いので軽く考えがち。しかし痛みが続くなら、走るのを中断して必ず病院で診断を受けてください。変形性膝関節症が進行すると、骨のトゲのような組織が発達して痛みが強くなり、それ以上走れなくなるケースもあります。

しびれを伴う腰痛では椎間板ヘルニアが疑われます。椎間板とは、背骨の平らな椎体という骨と骨の間にある円盤状のクッション（**図4-9**）。真ん中には髄核というゼリー状の組織があります。激しい運動や不自然な姿勢を

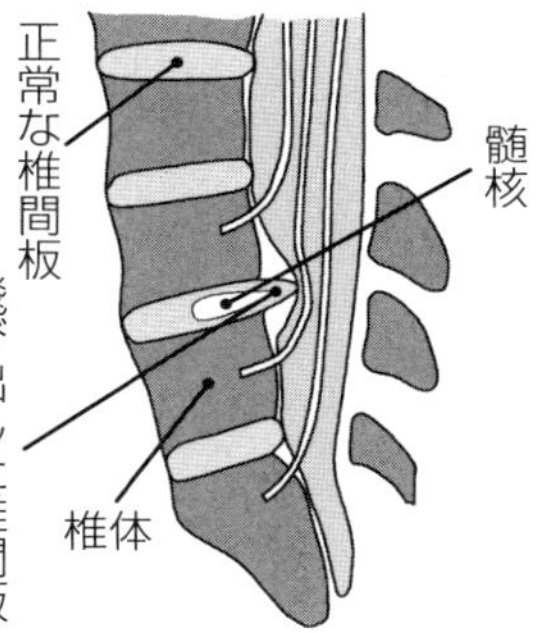

図 4-9　椎間板の膨隆で神経根を圧迫し、椎間板ヘルニアに

続けると椎間板が部分的に割《さ》け、髄核が背中側へ飛び出してまわりの組織や神経を刺激します。これが椎間板ヘルニアで、腰から足にかけて鈍い痛みやしびれを伴います。

この状態で走ると、ランニングの衝撃で椎間板にストレスがかかり、椎間板の亀裂が広がったり、髄核がさらに大きく飛び出たりする危険もあります。一度飛び出た髄核はトレーニングやストレッチでは元に戻せません。症状によっては手術も必要になりますから、軽視せずに病院で医師の診断を仰いでください。

変形性膝関節症や椎間板ヘルニアでも、症状が軽いうちに医師の適切な処置を受ければ、定期的に経過を観察しながら量や頻度を調整して走り続けられます。ランニングと末永く付き合うために、膝と腰の痛みには注意を払いましょう。

◎作法四十五——ケアをすれば外反母趾でも走れる

外反母趾《がいはんぼし》に悩んでいる人は多いと思います。

外反母趾とは、足の親指（母趾）が小指側に「く」の字に曲がること。カラダの中心線から見て外側に曲がるので「外反」と呼ばれます。

まずは自分が外反母趾かどうかをチェックする簡単な方法を紹介します。

紙の上に素足を載せて、足の内側の側面に定規を当てて線を引きます。次に同じように親指に定規を当てて線を引きます。2つの線が交わる角度が10度以上だと、外反母趾と診断されます（**図4-10**）。

外反母趾はハイヒールなど小さすぎるシューズを長年履いて、親指を圧迫し続けると起こります。まずは、足にフィットするサイズのシューズを履いてください。最近では膝下の筋力低下による外反母趾も増えています。

膝下の長母趾伸筋や長母趾屈筋は足首を動かす筋肉で、その筋肉の末端は、はるばる足の指までのびています。足の親指の外側にもつき、親指をカラダの中心線に

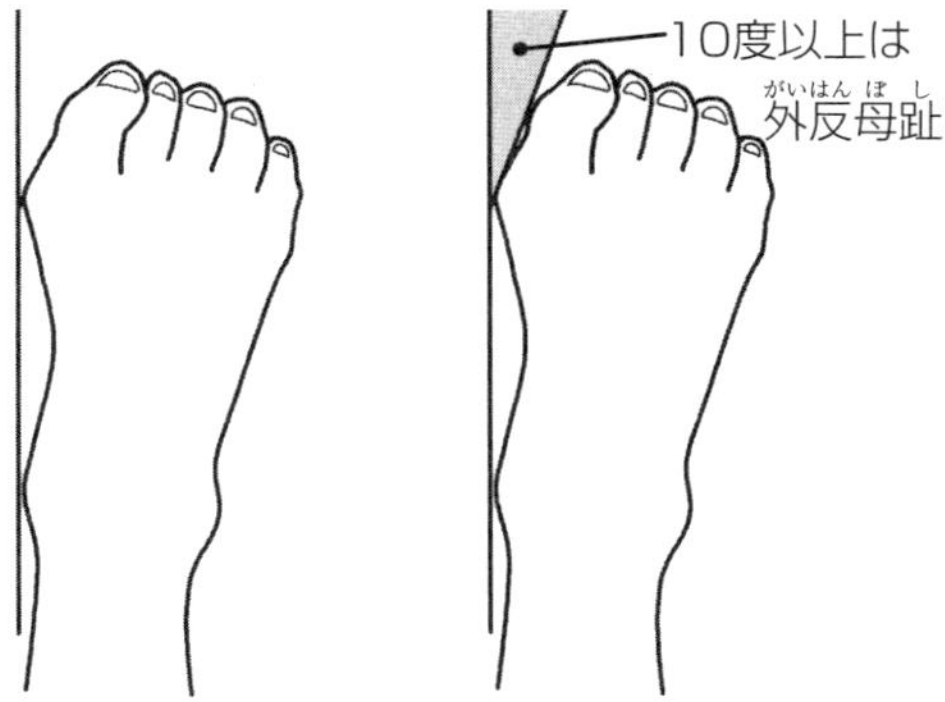
1. 足の側面に定規を
当てて線を引く
2. 親指に沿って
線を引く

図 4-10　1と2の線の間が 10 度以上の人は外反母趾！

向かって内向きに引っ張っているのです。この筋肉が弱くなると、親指が中心線から外側へ開いて外反母趾になるのです。

膝下の筋肉が衰えるのは、普段あまり歩いていないから。テーピングで外反母趾を和らげる方法もありますが、それはあくまでも対症療法。通勤時などに意識して歩数を増やしてふくらはぎを鍛えましょう。

膝下の筋肉のトレーニングには、つま先立ちで踵を上下する「カーフレイズ」というエクササイズも効果的です。

私のクライアントにも、外反母趾に悩

んでいる方は何人かいます。その方々に、カーフレイズを週3~4回、1か月ほど続けてもらうと、完全に治すことはできないものの、親指が正常な角度に少しだけ近づけることができました。

外反母趾だと指が動かしづらくなり、指の間の骨間筋が硬くなります。なので、足でジャンケンをするように指を開いたり閉じたりする「足指ジャンケン」(作法六十二参照)などで、骨間筋をしなやかに保つことも大切です。骨間筋が硬いと、足のクッション機能が働きにくくなります。

医師によっては、外反母趾の人は走ってはいけないとおっしゃる方もいます。でも、走るとふくらはぎの筋肉が鍛えられるので、逆に外反母趾を軽減する効果も期待できます。ケースバイケースですが、ひどい痛みがないのなら、短い距離をゆっくり走るのは問題ないと私は思います。走るという運動だけで外反母趾になる、あるいは外反母趾がひどくなるという報告はありません。

外反母趾で走るときの最低条件は、膝下の筋トレや足指ジャンケンといった外反母趾のケアをサボらずにきちんとすること。普通の人よりも正しいフォームを意識し、カラダの負担にならないランニングを心がけてください。

足の親指が曲がっていると付け根部分が外に張り出し、シューズに当たります。その状態で走ると痛みも出てきます。足囲がワイドなタイプのシューズを履くと、こうした痛みを和らげることができます。

◎作法四十六——タオルとワインボトルで障害予防

足の付け根（股関節）の痛みに悩むランナーも大勢います。

股関節は、骨盤の臼状の窪みに、太ももの骨（大腿骨）の丸みを帯びた先端が入り込んでいます。O脚気味で、太ももの外側の力が、内側よりも強い人は、大腿骨が少し外側にずれがち。股関節は丈夫な靭帯で幾重にも保護されているので、脱臼（関節が外れること）はしにくいのですが、その一歩手前の亜脱臼を起こすこともあります。これが足の付け根の痛みの原因のひとつです。

膝の間にタオルを挟み、タオルをつぶすように内向きに力をかけると痛みが軽くなる人は、股関節が外側にずれた軽度の亜脱臼を起こしている可能性があります。股関節の亜脱臼は、女性にも多く見受けられます。女性は出産時に骨盤が開きやすいように、股関節の臼の部分が浅くできています。ですから、亜脱臼しやすいのです。**股関節のずれを修正するには、太ももの外側の筋肉をストレッチで緩めて、太もも内側の筋肉を鍛えるトレーニングを行います。**

太ももの外側には、大腿筋膜張筋という筋肉があります。これは腸脛靭帯（138ページ、図4-2）の外側を走っている筋肉です。

私がペアストレッチでここを伸ばそうとすると、だいたいの人は悲鳴を上げるくらい痛がります。大腿筋膜張筋は足をまっすぐ前に出すときに大事な働きをしています。ランニング時にも大活躍しますが、自分でストレッチしても緩みにくい部分。ほとんどのランナーが硬く、股関節のトラブルの元になっています。

そこで大腿筋膜張筋を手軽に緩める方法を紹介しましょう。

ワインのボトルにバスタオルなどを巻いて、その上に太ももの外側を乗せて横になってください。大腿筋膜張筋は大腿骨のすぐ脇にあり、上から押すと骨に筋肉が

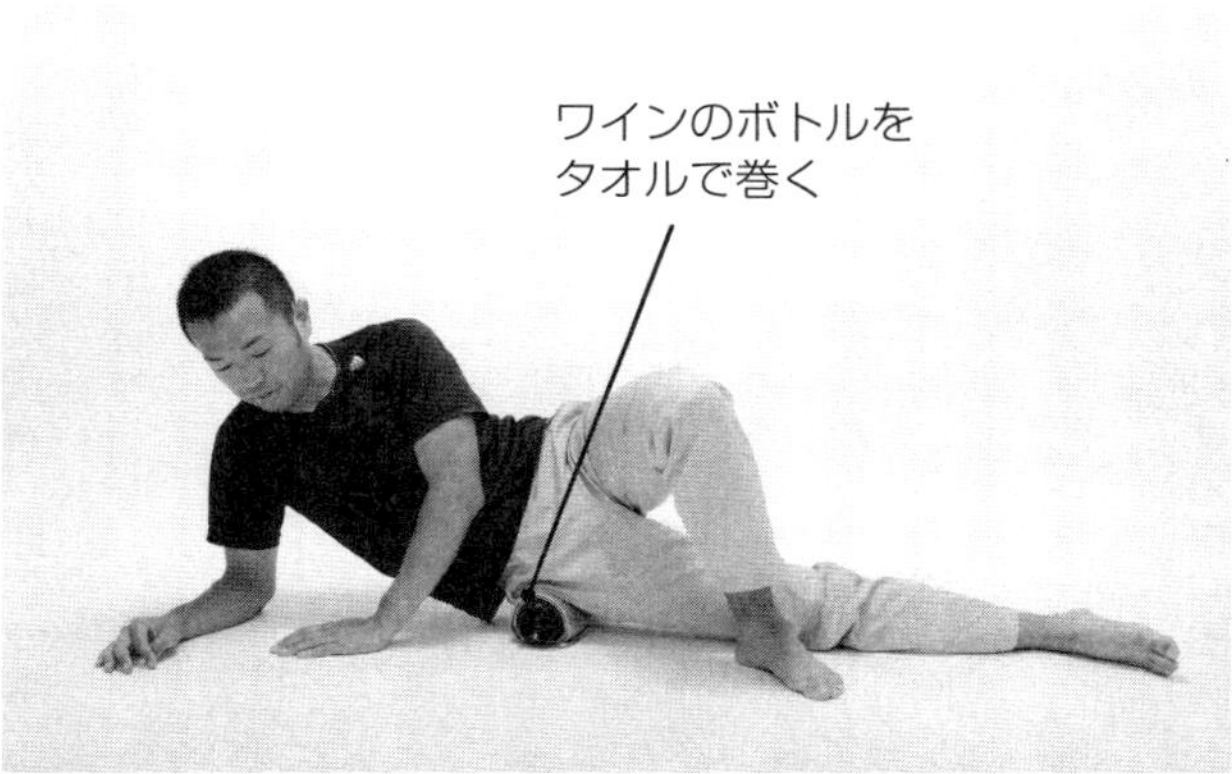

股関節のトラブルの元になる大腿筋膜張筋を手軽に緩める

当たり、痛みを感じやすいところ。ボトルの上に直接太ももを乗せると筋肉の負担が大きいので、必ずタオルを巻いてください。

最初はびっくりするくらい痛みを感じますが、毎日やっているうちに痛みが治まり、大腿筋膜張筋がだんだん柔らかくなります。風呂上がりやランニングの後など、筋肉が温まっているときに、お尻から膝にかけて場所を変えながら試してみてください。

太ももの内側には、内転筋群と呼ばれる筋肉があります。ここを強くすると股関節の障害防止になります。厚めのタオルを膝の内側に挟み、押しつぶすように力をかけるエクササイズをすると、内転筋群は鍛えられます。

◎作法四十七――プロネーションを学ぶ

安全なランニングのためにぜひ知っておいてもらいたいのが、プロネーションという現象です（**図4‐11**）。

足の付け根は股関節で、骨盤の外側にある臼状の窪みに、太ももの大腿骨の先端が入り込んでいます。

股関節は、膝と踵の真上よりも少し外側にずれています。ですから、走るときは、足はカラダの外側から内側へ回り込むように動きます。これをプロネーション（回内）といいます。

外側から足が回ってくると、踵の外側から先に着地することになります。その後、体重が爪先へ移動するプロセスで、足首は内側へ倒れ込みます。

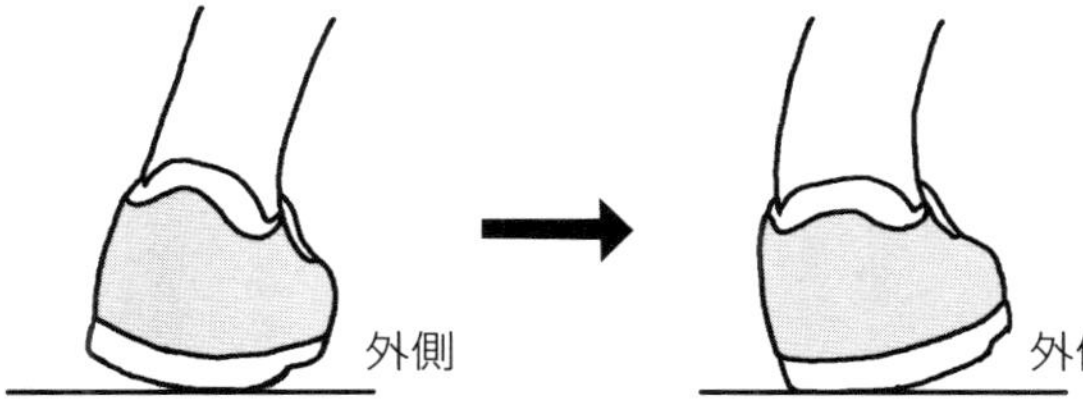

図 4-11　踵の外側で着地し、足首が一気に内側に倒れこんでしまうオーバープロネーション

足首の倒れ込みは着地衝撃を和らげてくれますが、プロネーションの角度が大きすぎると地面に対して鋭角で接地するため、足首は一気に内側へ倒れ込みます。その過程で膝関節がねじれるため、障害が起こるリスクが高くなります。このようにプロネーションの角度が大きすぎることを、オーバープロネーション（過回内）といいます。

プロネーション自体は骨格上自然なものです。問題はその度合いですが、一般的に日本人ランナーにはオーバープロネーション気味の人が多いとされています。

プロネーションの度合いが許容範囲内か、それとも許容できないレベルか。自己判断は難しいところです。**わかりやすい例をひとつだけ挙げると、**

日常履いているシューズの踵の外側の減り具合が激しい人は、オーバープロネーションを起こしているかもしれません。それだけでは判断は下せないので、不安な人は、走っているときの足運びを解析する装置を備えたランニング専門ショップなどに相談してみましょう。

オーバープロネーションだと、足首や膝のストレスが大きくなります。足首や膝への衝撃を緩和してくれるシューズを選びましょう。そしてカラダに負担の少ないフォームを身につけ、運動後のストレッチで足首と膝のケアを欠かさず行うことで、オーバープロネーションの障害リスクは低減できると私は思っています。

◎作法四十八――喉が渇く前に水分を補給する

運動をすると体温を下げるために汗が出てきます。かいた汗を補うために水分を補給してやらないと、体温が上昇しすぎて筋肉の動きが悪くなります。

まずは走る前にコップ1杯程度の水を飲んでおきます。長い時間走ったり、暑い日に走って大量の汗をかいたりするときは、15～20分おきにコップ1杯前後の水分を摂ります。動かないようにカラダに固定できるウエストポーチなどにペットボトルを入れて走るといいですね。

ポイントは喉が渇く前に先手を打って飲むこと、「喉が渇いてから飲む」では遅すぎるのです。

体内の水分量は脳によってモニターされていて、一定範囲内に保たれています。安静時の水分調節で大きな役割を果たすのは尿。水を摂りすぎると尿の排泄量を増やして、水が足りなくなると尿の量を減らす仕組みが働くのです。したがって発汗で水分が足りなくなると、脳はすぐさま排尿をストップするように命令を下します。それでもまだ水分が減り続けていたら、ようやく「水を飲め」と喉の渇きを促すのです。

ですから、喉が渇いたときには、カラダは初期の脱水状態。喉が渇いていなくても、定期的に飲むことを心がけましょう。

水分補給を怠ると熱中症になる危険があります。

熱中症とは、異常な体温上昇によって起こる障害の総称。熱けいれん、熱疲労、熱射病の順番に症状が重くなります。熱けいれんでは筋肉のけいれんが起こり、熱疲労ではめまいや失神が生じます。そして40度を超えるような高熱が出る熱射病になると、命に関わることもあります。

カラダの機能を正常に保つには一定量の水分が必要です。そこで汗で出た水分を補わないと、脳は発汗にストップをかけます。汗が出なくなった状態で運動を続けると、体温が上がり続けて熱中症になるのです。汗をあまりかかなくても、湿度が高い日などは汗が蒸発しにくく、思ったように気化熱が奪えないので、熱中症になることがあります。

水分補給をしていても熱中症になる場合もあります。

汗にはナトリウム、カリウム、マグネシウムなどのミネラルが含まれています。大量の発汗が起こると、汗によるミネラルの損失を防ぐために、やはり脳は発汗にストップをかけます。そこへミネラル含有量が少ないミネラルウォーターなどの水を飲むと、体内のミネラルの濃度は逆に薄くなります。そこで脳は余計強力に発汗をブロック。体温が上昇して熱中症になるのです。

長時間のランニングで大量に発汗するときの水分補給には、ナトリウムやカリウムなどのミネラルを体液（汗）と同じバランスで含んだスポーツドリンクが最適。

スポーツドリンクには糖分が添加されていますが、これは飲みやすくすると同時にミネラルの吸収を助けるためです。ある程度の糖分があると浸透圧が体液に近くなり、真水よりも水分とミネラルの体内への吸収が早まるからです。

なかには味を良くするために大量の糖分が入り、結果的にカロリーが高くなっているスポーツドリンクもあります。薄めて飲むか、低カロリータイプを選ぶようにしましょう。カラダが熱くなっているときは5度程度まで冷えている方がひんやりして飲みやすいですし、ヒートアップしたカラダを内側から冷やす効果も期待できますね。

水分補給は体調管理の基本中の基本。走らない日も飲み水として1リットルくらいは摂る習慣をつけておきたいものです。お酒のアルコールや、コーヒーや紅茶や緑茶に含まれているカフェインには、利尿作用があります。お酒やコーヒーなどをよく飲むと、摂取した以上に尿として水分が排出されやすく、潜在的な水分不足に陥ります。思い当たる人はもう少し多めに飲んでほしいと思います。

◎作法四十九――わき腹の痛みを防ぐ

わき腹の痛みで悩んでいるランナーは大勢います。私のウェブサイトにも「走るといつもわき腹が痛くなる。どうしたらいいのか」という質問のメールがよく寄せられています。

走り出してすぐにわき腹が痛くなる場合は、食後胃袋に食べ物を入れたまま走ったことによるものが多いようです。

胃は筋肉でできた袋のようなもの。食事をして食道から食べ物が送られてくると、胃の筋肉を動かして消化を進めるために血液が集まってきます。一方、走り出すと下半身の筋肉が活発に動くので、心臓はそこにも血液を一所懸命送ろうとします。太ももやお尻など下半身の筋肉はボリュームたっぷりの大筋群なので、活動するにはたくさんの血液が必要なのです。

体内の血液の量は一定なので、食後に走ると胃と下半身の筋肉で限られた血液の取り合いが起こります。こういう非常事態に備えて脾臓《ひぞう》は血液を貯めていて、激しく収縮して血液を放出しようとします。この収縮が激しすぎると、わき腹の痛み（脾臓は左側の横隔膜の下にあります）として感じられるのです。

食後のわき腹の痛みを防ぐには、食後すぐに走り出さないことが大切。どのくらい時間を置くべきかは、食事の内容次第で変わります。食べ物は胃で粥《かゆ》状になるまで消化されてから少しずつ小腸に送られます。この間、胃に留まっている時間には、食事に含まれている栄養素により、大きな差があるからです。

ご飯やパンのような糖質は比較的短くて1〜2時間くらい。脂肪分が多い肉や魚やチーズ、食物繊維が豊富な野菜、イモ類、海藻類、キノコ類は3〜4時間も胃に留まっています。**ですから、走るとわき腹が痛む人は、直前に脂肪分と食物繊維が多いものをたくさん食べることは控えるようにしてください。**とくに要注意なのはイモ類。イモ類を食べるとガスが発生しやすく、そのガスが腸管内（小腸と大腸）

食べ物が胃に留まる時間

ご飯、パンのような糖質：1〜2時間くらい

脂肪分が多い肉、魚、チーズ、食物繊維が豊富な野菜、イモ類、海藻類、キノコ類：3〜4時間

を移動するときに痛みを感じるという説もあります。ベテランのランナーには、レースの前日と当日はイモ類の摂取を控える人が多いですね。

ただし、これは一般論。水を飲んだだけでわき腹が痛む人もいれば、私のように走る30分前にカレーの大盛りを食べても痛くも何ともない人もいます。胃の働きには個人差があるので、「今日はわき腹が痛いな」と思ったら、何分前にどんな食事をしたかを思い返してチェックしましょう。その繰り返しで経験を重ねると、自分の体質に合うランニング前の食事術が組み立てられるようになります。

空腹で走りたくない人は、食べてすぐに運動のエネルギーになり、胃に溜まらず負担にならないゼリー食品を利用するのもひとつの手です。中身はでんぷんを分解してデキストリンという消化しやすい形に整えたもので、アルミパウチに入

った商品がコンビニエンスストアやキヨスクなどで買えます。

次に考えられるのは、ウォームアップの不足。いきなりペースを上げると、カラダによりたくさんの酸素を吸い込もうと、肺のまわりの肋間筋や横隔膜といった呼吸筋が活発に動き始めます。ウォームアップが足りないと血液循環が悪く、肝心の呼吸筋に十分な酸素が供給できません。

そこで横隔膜や呼吸筋が「もっと酸素を！」とSOSを発します。それが痛みとして感じられるのです。ウォーキングなどで準備運動を長めに取ると痛みが解消するでしょう。

走っている途中でわき腹が痛くなったら、腕を大きく上げ下げする動きを繰り返しながら深呼吸をします。すると呼吸筋が伸縮して血行が改善。酸素の供給が追いつくようになり、痛みが和らいできます。

走るとお腹が痛くなるときは、腹筋群が弱いことが原因として考えられます。

お腹のなかには何mもの腸管が幾重にも畳まれて収まり、腹筋群がコルセットのように締めつけて動かないように固定しています。腹筋群が弱いと、ランニングでカラダが上下動するたびに腸管が動いて互いにぶつかり合い、その機械的な刺激で炎症が起きて痛みになるのです。

対策としては、腹筋運動による腹筋群の強化が有効。また正しいフォームでランニングをしていると、自然に腹筋群は鍛えられるので、徐々に痛みを感じにくくなるでしょう。腹痛を感じたら、いったん足を止め、水分補給をして様子を見ます。それでも強い痛みが改善しないときは、勇気を出してトレーニングを中断してうちに戻りましょう。

わき腹やお腹の痛みには、内科的な疾患が関係することがあります。何をしても痛みがひどくなる場合は、医師の診断を受けてください。

COLUMN

ランナーズハイとは何か？

長い時間走り続けると「ランナーズハイ」を体験することがあります。ランナーズハイとは、ランニングで得られる多幸感や高揚感。その秘密は、脳内で分泌されるエンドルフィンという体内鎮痛物質にあります。エンドルフィンがランナーズハイを起こすという仮説は昔から出ていましたが、2008年、ドイツのミュンヘン工科大学の研究グループがエンドルフィンとランナーズハイの関係を明らかにしました。10人の陸上選手に2時間走ってもらい、PET(陽電子放射断層撮影装置)でランニング前後の大脳の様子をスキャンしてみたところ、ランナーズハイになったランナーではエンドルフィンが分泌されて大脳の前頭葉に作用していました。前頭葉には、知性と創造性に関わる前頭連合野、運動に関わる運動野と運動前野があります。ランニングのような持久的な運動をすると、心身にストレスが蓄積します。これを和らげるためにエンドルフィンが出て、大脳の前頭葉に働きかけて多幸感や満足感をもたらすのでしょう。ランナーズハイはいつ起こるのか、そしてどんな感覚が得られるかについては、個人差があります。もっとも多いのは走って30分以上たってから、クルマの車輪のように手と足が勝手に動いているという感覚が得られるケース。理由は不明ですが、残念ながら何時間走ってもハイになれないランナーもいます。あなたはどちらのタイプですか？

第5章　ランニングウェアの作法

◎作法五十——サウナスーツで走らない

ずいぶん少なくはなりましたが、いまでもいわゆるサウナスーツの上下で走っているランナーを見かけます。

ランニングは何を着てもあまり走りには影響しないものですが、サウナスーツで走るのだけはやめてください。

サウナスーツを着ると「汗がたくさん出て痩せる」「脂肪燃焼が促される」という誤解がまだまだあります。実際は、サウナスーツを着ると汗は出にくくなりますし、脂肪も都合良く燃えてくれないのです。

運動をすると体温が上昇するので、カラダは汗をかいて気化熱で体温を下げようとします。しかし、サウナスーツはカラダを密閉してすっぽり包み込む構造なので、その名の通りサウナルームのようにウェア内の湿度と温度が上昇します。カラダがかっかと熱くなるので「脂肪が燃えている！」と勘違いするのですが、湿度が高いと汗は蒸発しにくいので、汗腺から出た汗が皮膚に留まり、次の汗がかけなくなります。

汗が気化しないと体温は下がらないので、体温はずっと高いまま。ラジエーターが壊れたエンジンがオーバーヒートするのと同様に、体温が異常に上昇する危険な状態となります。筋肉の動きが悪くなり、疲れてふらふらになるので、ランニングはそれ以上続けられなくなります。長時間の運動ができないと消費カロリーは思惑通りに稼げない、脂肪をたくさん燃焼することもできません。

昔のボクサーたちがサウナスーツを着てロードワークをしていたのは、体温が上昇した極限の環境下で辛抱強く動く能力を高めるためです。試合を想定したメンタルトレーニング的な意味合いが強かったのだと私は思います。

見かけはサウナスーツそのものですが、近年では吸汗速乾性と通気性を高めたタイプもあります。そういうウェアでならランニングしてもＯＫです。

◎作法五十一——コットンシャツで走らない

着古したコットン製のTシャツやスウェットシャツで走る人もときどき見かけます。たしかにコットンの肌触りはソフトで気持ちいいものですが、運動をして汗をかくと重くなるという欠点があります。

とくに男性は運動中に女性よりも大量に汗をかく傾向があり、汗を吸い込んだコットンシャツは重みで形崩れを起こし、だらりと伸びてカラダの動きを邪魔します。こうなってくるとコットンの持ち味である心地良さは、まったく感じられなくなります。

コットンはポリエステルなどの化学繊維と比べると洗濯してもなかなか乾きません。同様に汗をかいても生地にいつまでも水分が残り、肌が濡れたままになります。肌が濡れたままだと気持ちが悪いですし、カラダが冷える汗冷えという現象が起こります。カラダが冷えると筋肉の動きが悪くなり、疲れやすくなります。

選ぶなら、吸汗速乾性の高い機能性素材のランニングウェアを。

吸汗速乾性を備えたウェアなら、かいた汗をどんどん蒸発させるので、次の汗がスムーズに出て体温が上がりすぎることもありません。肌をドライに保つため、汗冷えの心配もないですね。ほとんどがポリエステル製ですが、ポリエステルは繊維内に水をまったく含まないため、重くならず動きを邪魔することもありません。

ポリエステル製の機能性素材はお手入れも簡単。繊維内に水を含まないので、洗濯後は乾燥機にかけなくてもすぐに乾きます。シワにもなりにくいので、いちいちキレイに畳んだりする手間も省けます。

さらにランニング用のウェアなら、走るという動きに合わせたカッティングや縫製がなされているので、より心地良く走れます。最近は、皮膚と接する内側の縫い目をフラットにしたものや、縫い目がまったくないシームレスタイプも出てきています。肌がデリケートだと、走っている間に生地の縫い目との摩擦で皮膚が傷ついて赤くなります。フルマラソンのような長丁場だと、皮膚から出血してシャツが赤く染まることもあるくらい。シームレスのランニングウェアならその心配もありませんね。

機能性素材のランニングウェアは、コットンTシャツと比べると、多少高いかもしれません。でも、最近のものは耐久性も高く長持ちするので、試しに1枚買ってみてください。一度その快適さを体験したらもう二度と手放せなくなるはずです。

◎作法五十二——ロングタイツの効用を知る

秋冬のランニングでぜひ穿《は》いてもらいたいのが、ロングタイツ。

タイツは通常のロングパンツと比べて足にまとわりつかないので、とても走りやすくできています。防寒にもなりますが、ランニングをラクにする工夫を盛り込んだタイプも出てきました。

最新のランニング用のタイツは、下半身の筋肉を適度に締めつけるコンプレッション機能を備えています。圧迫されると足の筋肉の余計なぶれが抑えられてフォームが安定。下半身のフォームが定まると上半身も安定するので、正しい効率的な姿勢で走ることにつながります。

筋肉のぶれが軽減されると疲れにくくなります。

着地のたびに筋肉が揺れてぶれてしまうのは、いわばムダな動き。エネルギーをロスしますし、エネルギーを浪費するとそれだけ多くの疲労物質が蓄積するので、筋肉は疲れやすくなります。タイツで筋肉のぶれが少なくなると、疲労を抑えながら、長くラクに走り続けられるのです。

著者が開発したランニング用の高機能タイツ

男性はタイツを穿くことに抵抗があるようですが、その場合はタイツの上からショートパンツを重ね着するといいと思います。女性なら、ランニング用のスカート（通称・ランスカ）をレイヤードしてもお洒落ですね。
長袖のランニングシャツの上にもう一枚羽織るならウインドブレーカーが最適。最新のウインドブレーカーは、機能性素材で冷たい風をシャットアウト。

わきの下や背中などに通気性の高いメッシュ素材のパーツが配してあり、腕の振りに応じてウェア内の空気が自然に入れ替わるように考えられています。風が冷たい日でも寒い思いをせずに、かいた汗を効率良く蒸発させて体温がうまくコントロールできるのです。

寒さを防ごうと通気性に乏しい上着を重ね着すると、走っている途中で暑くなり、脱ぎたくなります。脱いだ上着はランニングの邪魔になるだけ。でも防風性と通気性を両立させたランニング用のウインドブレーカーなら、長時間走っても暑くなりすぎないので、ずっと着たまま最後まで走ることができます。

◎作法五十三——寒さは小物で防ぐ

正月の箱根駅伝を走っているランナーたちを見ると、雪がちらついているような寒い年でも、みんなタンクトップにショートパンツです。薄着に思えますが、選手たちはタスキを受ける前に十二分にウォーミングアップをして、体温をしっかり上

冷えやすい手を保護する冬の必需品、ランニング専用グローブ

げているので、それでも寒くはないのです。

でも彼らの手元を見ると、みんなグローブをしています。**このグローブこそが、冬の寒さを防ぐ重要なアイテム。**

ヒトのカラダは、血液循環が行き届かない末端ほど冷えやすいもの。走ってカラダがポカポカしてきても、冬場は手の指先はずっと冷たいまま。ですから必ずグローブをして走るようにしてください。とくに冷えやすいのは親指と小指です。

選ぶならランニング専用グローブを。手のひらがパイル生地になっていて汗が拭けたり、汗がたまりやすい指の間はメッシュ仕立てになっていたりして、たいへん便利です。伸縮性が高く、拳を軽く握りやすいのもいいですね。

冬場はイヤーウォーマーも重宝します。走ると指先と同じくらい耳も冷たくなります。ランニング用のイヤーウォーマーはフィット感が高い設計なので、走っている途中でずれる心配もありません。

手と耳さえ暖まっていれば、ヒトは暖かく感じるもの。逆に手と耳が冷たいと、不思議なもので体温が上がっても寒さを感じます。ですから、グローブとイヤーウォーマーはウインターランの必需品なのです。

◎作法五十四──夏場のウェアのポイントを知る

暑い季節はついつい肌を露出したくなりますが、直接日差しが当たらない長袖を着た方が暑さ対策になります。直射日光を避けた方が体温は上がりにくいからです。考えてみると暑い国の民族衣装はだいたい長袖ですね。

汗をかきやすいので吸汗速乾性の高い素材を使用したウェアをチョイス。汗をかいたらマメに拭き取ることも大切です。拭き取ると次の汗が出てきやすいので、発汗作用が促されて体温上昇が抑えられるからです。でも、タオルを持って走るのはちょっと面倒ですね。冬場ならグローブで汗は拭けますが、グローブをすると暑い夏場はパイル地のリストバンドを利用するといいでしょう。

下も薄手のロングタイツだと日焼けが防げて暑さ対策にもなります。通気性と吸汗速乾性に優れたタイプなら、着ても暑くはありません。すでに触れたように、筋肉のぶれを抑えて疲れを軽くする効果もあります。

ロングタイツには、筋肉のけいれんを防ぐ効果もあります。夏場にショートパンツで走り、足に大量の汗をかくと、汗冷えで足がつりやすくなります。筋肉のけいれんには、疲労やミネラル分のアンバランスなどさまざまな要因が考えられますが、筋肉の温度の低下もそのひとつ。吸汗速乾性の高いロングタイツなら、こうしたけいれんのリスクも減らせるでしょう。

◎作法五十五――キャップとサングラスを利用する

キャップとサングラスも必需品。どちらも紫外線を防いでくれるからです。

紫外線を浴びすぎると日焼けをするだけではなく、眼に紫外線のダメージを受けると、白内障や翼状片《よくじょうへん》という眼の病気になりやすくなります。

紫外線は晴天のときばかりではなく、日中は曇り空でも降り注いでいます。薄曇りでは、紫外線の80％は通過するとか。紫外線が増える5〜10月は、天候に関わりなくキャップとサングラスをつけてください。ちなみに路面によって紫外線の反射率は異なり、草地や土は10％以下ですが、アスファルトやコンクリートは10％程度。これは水面とほとんど変わらない高い値です。

キャップは眼への紫外線被曝をおよそ20％軽減してくれますし、直射日光の攻撃から頭を守ってくれます。

首の後ろは熱くなりやすく、そこを通る血管が熱せられると脳に回る血液が熱くなり、疲労感が高まります。そのため首の後ろに直射日光が当たらないように、後ろに布がついているものもあります。

キャップには汗止めの役割もあります。頭皮はもっとも汗をかきやすい部位で、夏場に走ると髪の毛がぐっしょり濡れるくらい汗をかきます。頭皮から顔に汗が流れると不快ですし、女性はメイクが崩れてしまうこともあります。キャップのふちで頭皮からの汗が止まってくれると、こうした心配もありませんね。また多少の雨なら雨具を着なくても、キャップを被るだけで案外気にせず走れるものです。

サングラスは眼への紫外線被曝を90％以上ブロックします。「UVカット」の表示があるものを選びましょう。紫外線は顔の横からも入ってくるので、顔の曲線にフィットするスポーツタイプをチョイスしてください。

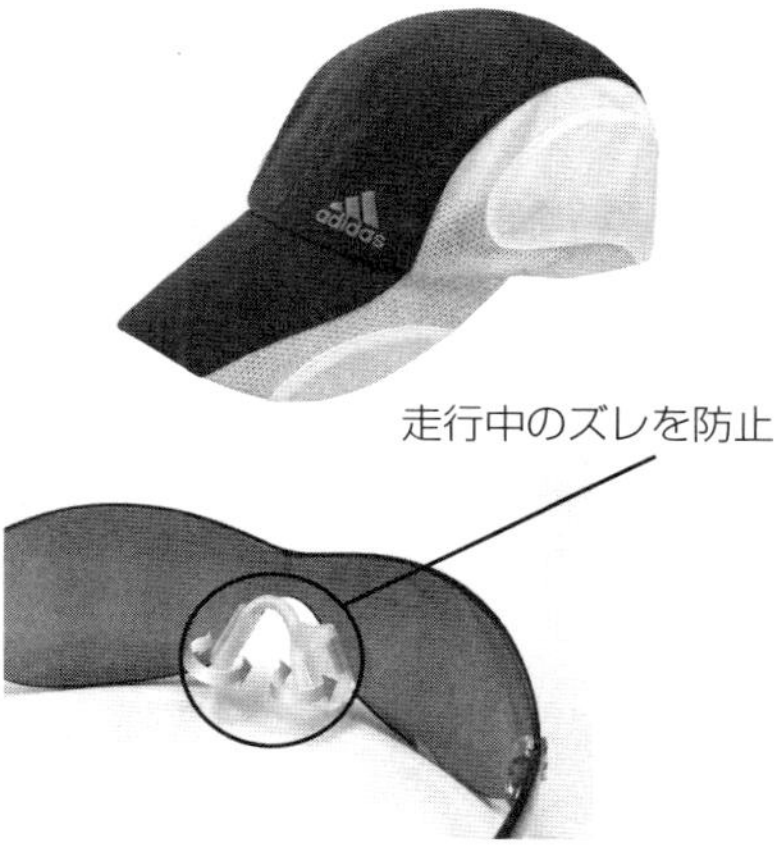

紫外線の被曝を軽減するランナー用のキャップとサングラス

日本人は黒目なので、そんなに眩しさを感じない人は、色が着いていない透明のサングラスでも大丈夫。視界が適度に制限されるので、ランニングに集中力できるというプラスの効果もあります。キャップと同じで、サングラスをかけていると少々の雨なら気になりません。

メガネをかける習慣がない、邪魔

になりそうで嫌といった理由で、サングラスを避けるランナーもいます。でも最近のランニング用のサングラスはすごく軽くなっていて、かけているのを忘れるほど。一度かけると苦手イメージが変わるかもしれませんよ。

◎作法五十六――音楽プレーヤーを活用する

ランナーに大人気なのが、小型の携帯音楽プレーヤー。街で走っている人を見ると、ほとんどがヘッドフォンをつけていますね。ランニングウェアにも、携帯音楽プレーヤーを入れるポケットを備えたうえに、ヘッドフォンのコードを通す穴まで空いているものがあります。

長時間走っていると退屈に感じることもあります。そんなときに好きな音楽があれば気が紛れて足取りが軽くなります。コースの長さに応じて気分が上がるオリジナルプレイリストを用意しておくといいですね。

自分の走るペースと音楽のリズムがシンクロしていると、一定ペースを乱さずに長く走ることができます。いまでは、走るペースに合わせて音楽のピッチを変えてくれる音楽プレーヤーや、ペースに合った音楽のプレイリストがダウンロードできるインターネットのサイトもあります。

携帯電話を音楽プレーヤーの代わりにしている方もいるでしょう。携帯電話会社ａｕのサービス「Run & Walk」なら、携帯電話のＧＰＳ機能を活用して、音楽だけではなくコースやペース、消費カロリーなどが確認できます。

私の場合、あえて音楽を聴かない日もあります。講演会用のレジュメを組み立てたりするときは、パソコンの前にじっと坐っているよりも、走っている方が新しいアイデアが次々と湧いてきます。走りながら考えごとをしたいときは、音楽があると邪魔になる場合もあるのです。

また、音楽プレーヤーをつけて走っていると、周囲の音が聞きとりにくくなりますので、道路を走るときは十分に気をつけてください。

COLUMN

ストレス代替療法としてのランニング

ランニングは手軽なストレス解消法でもあります。ストレス解消が狙いなら、今日は行きたくないと思っても、とりあえず着替えて外に出てみましょう。これはストレスマネジメントの一種「ストレスコーピング」のメソッドです。ストレスを過剰に抱えているときは、その原因（ストレッサー）から距離を置いて一時的に避難するのが得策。たとえば、上司や取引先など仕事関係のストレッサーが強い場合は、休暇を取ってそこから逃げることで自分を守ります。また「ストレス代替療法」では、ストレッサーと距離を置いたら、ストレッサーとまったく関係のないことをするというルールがあります。休暇で旅行をしても、そこにノートパソコンを持参して仕事を持ち込んでは何にもなりませんよね。会社で嫌なことがあって気落ちした日は、自宅に戻ってきても、なかなか走ろうという気分になれないでしょう。それでも「ランニングでストレスを解消する」と自分自身に約束しているなら、ランニングシューズを履いて外に出てみます。走り出して心地良い汗をかくと、不愉快な出来事も忘れてすっきりするもの。一度この体験をすると、今日は絶対に走りたくないと思っても、心の底で「走ると爽快な気分になる」とわかっているのでサボらなくなります。「これをやれば私はストレスから逃げられる」という自己暗示のような効果もあるのかもしれませんね。

第6章　レベルアップの作法

◎作法五十七――ランニング日誌をつける

定期的に走る習慣がついたら、ランニング日誌をつけてみましょう。カレンダーや手帳に走った日をチェックして、走った距離や時間、ペースを書き入れておくのです。あとで見返すと、だんだん走行距離がのびてペースが上がったり、走る頻度が増えたりする様子がわかるので、継続への意欲が高まります。

ランナーのレベルの基準のひとつは、１か月間の合計走行距離。

まったくの初心者が時速８kmで毎日10分走ると月間走行距離は40kmになります。これが初心者のスタンダードな走行距離。次に目指すべきは月間60～80km。毎日走るなら１日２～３km、週３～４回走るなら１日５kmです。

徐々に練習量を増やして月間１００kmを超えるともはや中級者レベル。筋力とス

◎初心者レベル

月間走行距離は40㎞（時速8㎞で毎日10分走る）

◎準・初心者レベル

月間60～80㎞（毎日走るなら1日2～3㎞、週3～4回走るなら1日5㎞）

◎中級者レベル

月間100㎞超

タミナがついてフルマラソンにチャレンジするカラダの準備が整っています。

頻度はそれぞれの生活習慣に合わせて自由に設定してください。1日5㎞程度の短い距離で、ウォームアップやストレッチといった運動前後のケアをきちんと行っているのなら、毎日走っても問題はないと思います。**アメリカスポーツ医学会は、生活習慣病を防ぐために1日30分以上の運動を推奨しています。**30分のランの走行距離は、時速10㎞だとちょうど5㎞ですね。

ランナー向けのSNS（ソーシャルネットワーキングサービス）のメンバーになり、ランニング日誌をインターネット上で公開してみると、月間走行距離をのばすきっかけになります。無用なライバル心を燃やす必要はありませんが、同じレベルのラン友の日誌を見

ランニングのほか、ウォーキングやスイミングのネットワークもある「JogNote（ジョグノート）」

ると「あの人がこれくらい走っているなら、私ももう少し頑張ろう」とやる気が出てくるのです。

ランニングは本来パーソナルなスポーツで、練習を誰かが見守ってくれるわけではありません。それだけに月間走行距離がのびて、それを見たラン友から「今月はすごいね、頑張ったね」などと褒められたりすると、素直に嬉しいし、励みになるのです。子どもの才能は褒めてのばせといいますが、大人もそれは同じだと私は思います。代表的なスポーツ系のSNSには「ジョグノート」（www.jognote.com）があります。

◎作法五十八――タイムを測るとタイムがのびる

ランニングでカラダに前向きの変化が起こることがわかると「自分もやればできる」という自己効力感（セルフエフィカシー）が高まります。それにより、自尊心も高まるし、一層やる気も出てきて継続につながります。

そのためにもぜひやってもらいたいのが、タイムを測ること。ホームコースの距離を調べておいて毎回タイムを測り、ランニング日誌に記録するのです。

いつもは50分で走っているコースを、ある日48分で走ったとします。タイムが2分間縮まったのは、それだけ走力が上がったという明らかな証拠。カラダの使い方がうまくなり、スタミナもついたのです。このように毎回タイムを測ると、見逃しがちなカラダのちょっとした変化が数字ではっきりとわかります。

逆にいいペースで走ったつもりなのに、いつもより遅かったときは、その原因を考えてみてください。思い返してみて走り方が悪いと思ったら、フォームの修正が必要。あるいは「疲れているからタイムがのびなかった」と分析できたのなら、2〜3日はオフにして疲労を抜きます。タイムの変化を記録しておくと、自分の走りのウィークポイントを発見できたり、体調を管理したりできるのです。

タイムは、走ったコースのトータルの所要時間だけではなく、その際1㎞を何分ペースで走ったかを記録します。

クルマの環境性能の目安が燃費だとしたら、**ランナーの走力の物差しとなるのは、1㎞を何分で走れるか。ランナーが互いに自己紹介するときには、キロ何分と月間走行距離が挨拶代わりです。**

ビギナーがゆっくり走ったときの速さは時速8㎞。これはキロ7・5分です。時速10㎞までペースが上がるとキロ6分。時速12㎞、キロ5分になると、もう胸を張って一人前のランナーだといえるレベルです。

◎作法五十九——ランニングウォッチを買う

タイムを測るには、ランナー向けに開発されたランニングウォッチが便利です。

ランニングウォッチの特徴は、ボタンひとつでラップが手軽に測れること。距離がわかっているホームコースなら、いまキロ何分ペースで走っているか簡単にわかります。ボタンが大きめで走りながらでも押しやすく、かつ押し間違いをしにくい設計になっているものがおすすめ。価格は5000〜1万円です。

安価な時計だと、一度に保存できるラップ数に制限があるので気をつけてください。ちなみに**私が愛用している〈セイコー〉のランニングウォッチは、操作がしやすく最大150本までラップタイムが記録できます。**

最近のランニングウォッチは多機能化しています。消費カロリーや走行距離が出るのは当たり前。設定した速さに合わせてピッピッピッと電子音が鳴り、それに合わせて着地すると一定ペースが守れる、ペースメーカー的な機能を持つものもあります。

ランニングウォッチの代わりに、リストウォッチタイプの心拍計（ハートレイトモニター）を利用するランナーもいます。

心拍数とは心臓の1分間あたりの拍動数で、どのくらいの強度で運動をしているかという運動強度の客観的な尺度になります。リストウォッチタイプの心拍計は、胸に巻いたベルトで心拍数をキャッチして、無線で飛ばしてリアルタイムに心拍数の変化を捉えて教えてくれるものがポピュラー。フィンランドの〈ポラール〉や〈スント〉が有名で、日本の〈カシオ〉などからも発売されています。昔は高価でしたが、いまではずいぶん手頃になり1万円前後から買えます。

心拍数を測るメリットは、目的に合わせたトレーニングがピンポイントでできること。一例を挙げると、**体脂肪燃焼には最大心拍数（全力で運動したときの心拍数の上限値）の60〜70%、スタミナ向上のためには同じく70〜80%レベルの心拍数で運動するのが最適です。**ターゲットとする心拍数を入力してセッティングを済ませておくと、設定した心拍数ゾーンから外れたときにアラーム音で警告してくれるので、狙った運動強度を守って効率的なトレーニングができます。

より安全に運動したい場合、心拍数をモニターすることは重要です。とくに医師からもらった薬を飲んでいる人は要注意。薬によっては、運動すると心拍数や血圧が上がりやすいものもあります。そういう人は医師に相談して、自分にとって安全な心拍数レベルを指導してもらってください。

◎作法六十――レースを目指す

ペースが上がってくると、何か目標がほしくなります。

トップアスリートが日々辛い練習に耐えられるのは「ワールドカップに出たい」とか「オリンピックで金メダルを獲りたい」といった目標があるから。目指すものが具体的であるほど、意欲は向上します。

ランナーの場合、最良の目標設定はレース出場を目指すことです。

ペースをキロ何分かで把握すると、ラン友などとの走力の差が客観的にわかり、練習メニューが立てやすくなります。そしてレースに出た場合の記録も、だいたい予測がつくようになります。

長距離レースはフルマラソンばかりではなく、10㎞、ハーフマラソン、30㎞といろいろな距離で行われています。

5㎞をキロ6分で走っているとしたら、10㎞の大会なら1時間ちょっとで走れるだろうとシミュレーションができます。すると、これまで縁遠いと思っていたレースがぐっと身近に感じられます。そしてラン友と10㎞の大会に出て完走すると、大きな達成感が得られて次はハーフマラソンに出たくなります。

フルマラソンやハーフマラソンの完走予想タイムは、10㎞のタイムを基準に計算します。**ハーフマラソンなら、10㎞のタイムの2・1〜2・2倍、フルマラソンは4・6倍が基準です。** また、1㎞あたりのペースごとに、10㎞のタイム、ハーフマラソンとフルマラソンの予想タイムを一覧にまとめておきましたので、参考にしてください。これを見ると、フルマラソンで4時間を切るにはキロ5分40秒、3時間を切る（サブスリー）にはキロ4分15秒で走ることが必要だとわかります。

このように段階的にレースを経験して完走の喜びを味わった人は、生涯の趣味としてランニングが楽しく続けられると思います。

ラップ&スプリットタイム表

1 km	10km	ハーフマラソン (21.0975 km)	フルマラソン (42.195 km)
3:30	35:00	1:13:50	2:27:41
3:40	36:40	1:17:21	2:34:43
3:50	38:20	1:20:52	2:41:45
4:00	40:00	1:24:23	2:48:47
4:10	41:40	1:27:54	2:55:49
4:15	42:30	1:29:40	2:59:20
4:20	43:20	1:31:25	3:02:51
4:30	45:00	1:34:56	3:09:53
4:40	46:40	1:38:27	3:16:55
4:50	48:20	1:41:58	3:23:57
5:00	50:00	1:45:29	3:30:59
5:10	51:40	1:49:00	3:38:01
5:20	53:20	1:52:31	3:45:03
5:30	55:00	1:56:02	3:52:05
5:40	56:40	1:59:33	3:59:07
5:50	58:20	2:03:04	4:06:09
6:00	1:00:00	2:06:35	4:13:11
6:10	1:01:40	2:10:06	4:20:13
6:20	1:03:20	2:13:37	4:27:15
6:30	1:05:00	2:17:08	4:34:17
6:40	1:06:40	2:20:39	4:41:19
6:50	1:08:20	2:24:10	4:48:21
7:00	1:10:00	2:27:41	4:55:23
7:10	1:11:40	2:31:12	5:02:25
7:20	1:13:20	2:34:43	5:09:27
7:30	1:15:00	2:38:14	5:16:29

注）例えば「5:16:29」とは「5時間16分29秒」のこと

◎作法六十一――小指まで使って走る

美容に気をつかう女性はともかく、男性はしげしげと自分の足を見ることはしないと思います。ランニングは全身運動ですが、走るときに地面と直接接しているのは足だけ。レベルアップのためには、自分の足を観察するのも大切です。

改めて足を見てみて、小指の爪はどうなっていますか？

現代人は小指の爪が小さくなる傾向にあります。とくに若い女性は小さく、小指にペディキュアを塗ろうとするとほとんど点にしかならないという女性も大勢いるようです。

理由は、歩くときに小指がちゃんと使えていないから。

ランニングショップなどには、測定用のマット上を裸足で歩くと、足のどの部分にどのくらいの圧力がかかっているかがわかる装置があります。アディダスの「フットスキャン」がその代表例です。

スキャナーで測ったとき、足の指が5本ともくっきり出ているのが理想なのですが、初心者では小指がまったく写っていないこともあります。マットに小指が接地していないのでスキャナーに感知されないのです。

小指が接地していないということは、歩くときも走るときも小指が使えていない証です。足の爪には、着地時に加わる衝撃から指を守る働きがあります。カラダはある意味、冷徹な合理主義者。接地しなければ、もはや衝撃に備える必要はないので、小指の爪がいつの間にか小さくなるのです。こういうタイプは、小指が外側を向いていることも多いようです。

私もはじめて「フットスキャン」で測ったときは、小指がうっすらとしか写っていませんでした。慌てて小指を見てみると、思っている以上に小指の爪が小さくなっていて驚いてしまいました。

それから意識してトレーニングをしたので、いまでは小指も使えるようになり、スキャナーの影も濃くなりました。それにつれて爪も少し大きくなりました。

◎作法六十二——足指ジャンケンでランニング足を作る

ランニングでは、５本の指でしなやかに着地の衝撃を受け止め、地面をしっかりグリップして蹴り出すことが重要です。

手で何かモノをつかむとき、５本の指を全部使ってグリップすると安定しますよね。それと同じで、足の指も5本すべて使った方が着地の衝撃にも耐えられますし、大地をキックする力も強くなります。小指が使えていないと、足腰にかかる着地衝撃も大きくなるし、キックする力も弱くなります。

5本の指が全部使えていないのは、家でいうと基礎の部分が不安定な状態です。建物は、ピラミッドのように底面が広いほど安定しますが、ヒトのカラダは足という小さな面で地面と接している逆ピラミッド構造。もともと不安定なうえに、5本の指が使えていないとしたら、基礎が歪んだ家が傾くように、ランニングの姿勢も不安定になって当たり前なのです。

困ったことに、外では靴、室内ではスリッパを履き、四六時中ソックスで足を包む生活を小さいときから続けていると、5本の指が上手に使えなくなってきます。

5本の指を機能的に使う「ランニング足」を作るために有効なのは、「足指ジャンケン」でのトレーニング。

足指ジャンケンとは、その名の通り、足の指でグー、チョキ、パーを繰り返す運動。グーは5本の指をぎゅっと握る動き、チョキは足の親指と他の4指を離す動き、そしてパーはすべての指を離して開く動きです。

早速、裸足になって試してみてください。グーはできても、パーとチョキが難しくはないでしょうか。親指はなんとか独立して動かせても、その他の4指がひと固まりになって思い通りに使えない人は少なくないのです。

でも、この足指ジャンケンを毎日続けると、足の指は思い通りに動かせるようになります。湯船に入っているときやテレビを観ているときなどに、グー、チョキ、パーを繰り返してください。1セット30秒が目安。そして室内では、スリッパやソックスは履かずに、裸足でいる時間をなるたけ長く取りましょう。

外ではハイヒール、うちでは冷え性防止で靴下を2枚重ねて履く……。そんな女性は、足の指がちがちに固まっていて、足指ジャンケンが苦手。最初はまったくできないかもしれませんね。それでも心配しなくて大丈夫。ジャンケンをする前に、足の指の間に手の指を入れて、お祈りをするようにぎゅっと握りあってみてください。すると、足の指の神経が刺激されて動かしやすくなります。

足の指が思い通りに動かない理由のひとつは、脳からの指令を伝える神経と筋肉の回路がつながっていないからです。手の指で足の神経を刺激し、裸足でいる機会を増やして足の指の筋肉を活性化してあげると、足の指は次第に動かせるようになります。グー、チョキ、パーが難なくできるようになる頃には、ランニングのフォームも安定し、走りもうんと滑らかになっているはずです。

◎作法六十三――小指が使えるソックス選び

ランナーにとって大事な道具といえるのがソックス。スポーツショップのランニングコーナーに行くと、さまざまなタイプがあって初めての人はびっくりするでしょう。

近頃人気なのはグローブのように5本の指を1本ずつ包んでくれる5本指ソックス。皮膚に何かが触れると、皮膚表面まで末端を伸ばしている感覚神経が刺激されて、そこを意識しやすくなります。感覚神経は最終的には脳につながっているからです。5本指ソックスを履くと足の指が1本ずつ刺激されて意識できるので、ラン

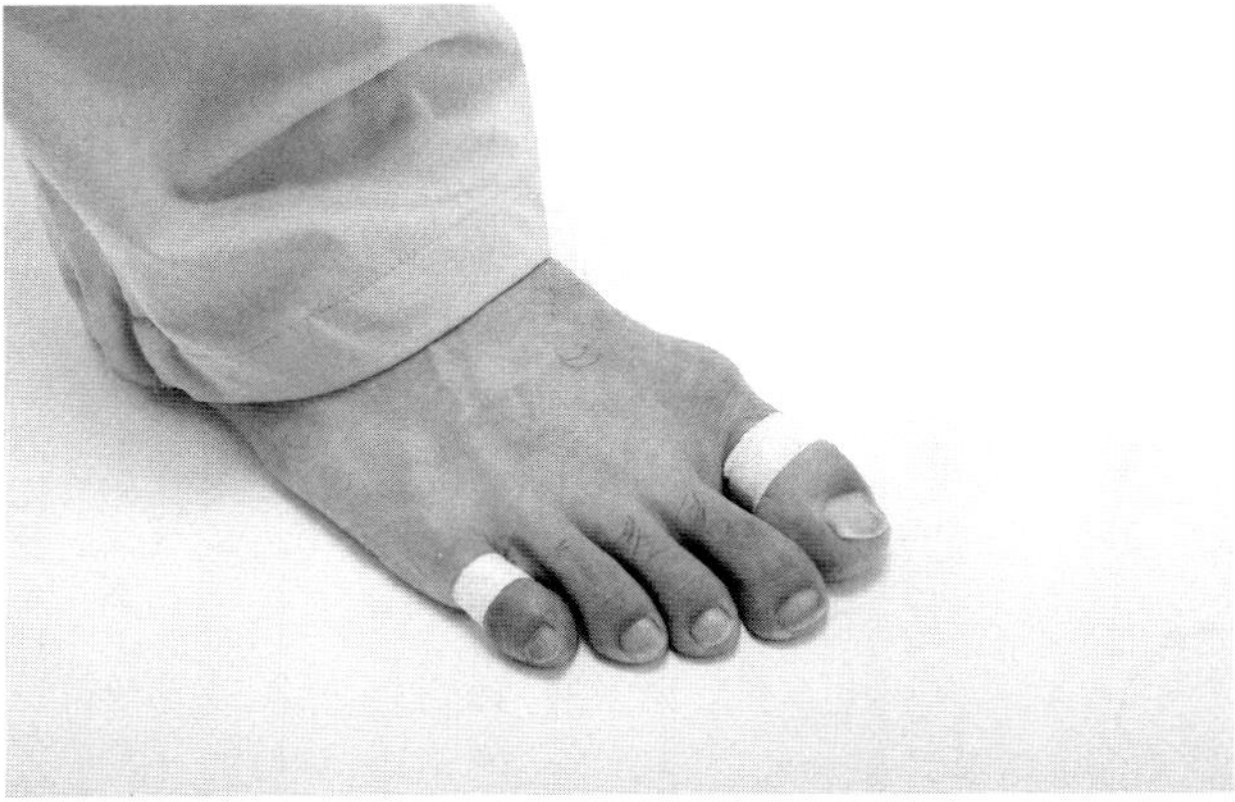

小指と親指にテーピングすると小指が使えるようになる

ニング足に近づけるかもしれません。

親指と小指が離れている3本指ソックスにも、小指を使いやすくする効果が期待できます。実をいうと、足の小指と親指は感覚神経を介して連動しているので、小指と親指を同時に刺激すると小指に意識が行きやすくなるのです

足はカラダの基礎部分。足の横幅がどのくらいあるかというのは、姿勢の安定を測るうえで、とても貴重な情報です。足の横幅は、両端にある親指と小指の感覚神経が連絡し合ってモニターしているので、両者の間には密接な関係があるのです。

小指と親指の両方にテーピングすると、小指が一層使えるようになります。テーピングは理学療法士やスポーツトレーナーがリハビリなどに用いるテクニックですが、難しく考えなくても大丈夫。絆創膏を幅半分くらいに切り、親指と小指に1周巻くだけでOKです。

私はモデルさんを対象としたウォーキング教室に指導に出向く機会もあるのですが、足の指をフルに使って歩けない人は想像以上に多い。ウォーキングの先生が一所懸命「小指を着けて歩きなさい」と指導するのですが、なかなかうまく行きません。そこで私が小指と親指にテーピングしてみると、多くのモデルさんの歩き方が劇的に改善して、ウォーキングの先生に驚かれるほどです。

◎作法六十四——食事にも気を配る

運動の3本柱は、トレーニングと休養、そして食事です。食事の栄養バランスが悪いと、心地良く走れないこともあるのです。

少し走っただけで疲れやすく、息切れがするなどの症状があるときは、鉄分の不足から貧血になっている可能性もあります。

鉄分は、赤血球中に含まれるヘモグロビンを構成する成分。鉄分が足りないと、赤血球の成分ヘモグロビンが不足する貧血状態となります。ヘモグロビンは鉄とヘムタンパクというタンパク質が合体した物質。酸素を全身に供給するという大切な役割があります。ヘモグロビンが少なくなると、酸素不足で疲れや息切れを感じるようになるわけです。

激しい練習をするトップランナーは鉄分摂取に十分気をつけています。トップ選手のようにソールの薄いシューズでランニングをすると、着地の衝撃により、足裏を通る血管内で赤血球が壊れます。さらに汗からも鉄分は出ていくので、鉄欠乏症の貧血になりやすい。生理で血液を失う女性ランナーならなおさらです。

ランナーなら、赤血球はむしろ増やしたい物質。ご存知のように、マラソンランナーの高地トレーニングは赤血球を増やす目的で行います。酸素が薄い高地でトレーニングをすると、少ない酸素を効率良く運ぶために、腎臓からエリスロポエチンというホルモンが分泌されて赤血球が増えます。

その後低地に下りてくると、酸素をよりたくさん使えるカラダになり、スタミナが上がってタイムが向上するというわけです。高地で練習しなくても、エリスロポエチンを注射すると同様の成果が上がるので、エリスロポエチンはアンチドーピングの立場から禁止薬物となっているほどです。

クッション性の高いシューズを履いたエントリーランナーの場合、着地のたびに赤血球が大量に壊れることはないでしょう。ただし血液検査などで鉄分不足が疑われる場合、無理なダイエットや偏食をしていないか、食生活をもう一度見直してみてください。

鉄分はレバーにとくに豊富です。しかし、私もそうですが、レバーが苦手な人も多い。そういうときは牛肉赤身、イワシ、カツオ、ホウレンソウ、豆腐、ヒジキといった食品から鉄分を摂取しましょう。一般的には動物性食品に含まれる鉄分の方が、植物性食品の鉄分よりも吸収率が高いとされています。

さらに重要なのは、食生活全体のバランスをきちんと考えること。

1日14品目をきちんと摂るチェックリスト

- □ 穀物類
- □ 豆・豆製品
- □ 魚介類
- □ 肉類
- □ 牛乳・乳製品
- □ 卵
- □ 果物
- □ 海藻類
- □ キノコ類
- □ イモ類
- □ 緑黄色野菜
- □ 淡色野菜
- □ 油脂
- □ 嗜好品

鉄分の体内への吸収を助けるにはビタミンCなどのビタミン群がいりますし、ヘモグロビンの主成分はタンパク質です。そして筋肉のエネルギー源となるのは、糖質と脂肪。結局、糖質、タンパク質、脂肪の3大栄養素、ビタミン、ミネラル、食物繊維などを偏りなく摂ることが大事なのです。

手軽に栄養バランスを整える方法として私が実践しているのは、食事を14品目にわけて考えるシンプルな食事法。

14品目とは、穀物類、豆・豆製

品、魚介類、肉類、牛乳・乳製品、卵、果物、海藻類、キノコ類、イモ類、緑黄色野菜、淡色野菜、油脂、嗜好品。1日3食で、これらの食品群をすべてクリアします。3食ごとに摂ってもいいのは主食の穀物類、1食以上摂ってもいいのはカロリーを気にしなくてもよい緑黄色野菜と淡色野菜、海草類とキノコ類。あとは1日1回が鉄則です。するとオーバーカロリーにもならず、栄養バランスも整います。嗜好品は、菓子や酒などですが、少量であれば、「心の栄養」として摂ってもいいと思います。好きなものをずっと我慢すると、ストレスになります。

私はこの食事法に変えてから、体調も良くなり、ランニングのペースは以前よりも上げられるようになりました。みなさんも試してみてください。

COLUMN

レース前日、当日のすごし方

　レースでは、本番の雰囲気に飲まれて普段より速く走りがち。それを防ぐために、前日はレースで守ろうと決めたペースで走り、その感覚を改めてカラダにインプットします。ただし２～３㎞で十分。それ以上走ると疲れが溜まります。軽く走ったら、ストレッチで筋肉を解し、作法六十八で紹介する「交代浴」で下半身の疲れを抜きましょう。当日のトイレの回数を減らすために、夕方以降カフェイン断ちをする人もいます。会場にも仮設トイレは多数ありますが、それでも寒い季節には順番待ちで長蛇の列ができています。コーヒーや緑茶などに含まれるカフェインには利尿作用があり、飲みすぎるとトイレが近くなります。私の経験では、カフェインを断つと、フルマラソンでトイレの回数を１回分ほど減らす効果があります。また、当日のスタート時には「お腹いっぱいでもないし、空腹でもない」のが理想です。レースでは給水所が用意されているので、水分補給は手軽にできて安心。途中でお腹が空いたときの用心に、簡単にエネルギーが補える《パワージェル》などの携帯栄養補給商品や飴などを携行するといいでしょう。冬場、カラダを温めておこうと、朝熱いお風呂に入る人もいますが、それは逆効果。上がった体温を下げようとしばらくカラダが冷えた状態が続いて、筋けいれんのリスクが高まります。入るなら、ぬるま湯で軽く汗をかく程度に。

第7章　東京マラソンの作法

◎作法六十五——フルマラソンを完走するプログラム

ランナーなら一度はチャレンジしてほしいのは、フルマラソン。フルマラソンに挑むには、入念な準備が欠かせません。練習もしないで遊び半分でいきなりフルマラソンに出て、膝や腰を傷めて二度と走れなくなる人もいます。

自分ひとりで練習するなら、ステップバイステップで慎重に準備を進めます。第1章で紹介したように、ウォーキングから始めて、階段で走るための筋力を鍛えてから、時速8㎞でゆっくり走り出します。1回10分からライフスタイルに合わせて走る習慣を身につけるのです。

毎日10分、月間40㎞からスタートして、60㎞、80㎞、100㎞と少しずつ走行距離をのばしていきます。**月間100㎞が2か月以上こなせるようになったら、フル**

マラソンにエントリーしても大丈夫。制限時間7時間以上の大会なら、途中で多少歩いてもちゃんと完走できるでしょう。

2つ目の方法として他者依存型のプログラムがあります。

ランニングクラブに入り、専門知識があるスタッフにフルマラソンを完走するための練習メニューを立ててもらいます。高い山に登るのにシェルパを頼むようなもので、その練習をこなしていけばフルマラソンを完走する走力がつきます。

レースにもランクラの仲間と一緒にエントリーして、会場でも共に行動する。こうすれば初めてのチャレンジでも、落ち着いていつもの走りができますね。

◎作法六十六――フルマラソン完走の鍵は30km走にある

途中歩いても構わないのであれば、フルマラソンは誰でも完走できます。しかし一度も歩かずに完走したいのなら、事前に30km走を試してください。

大会までに42・195kmを走っておく必要はないと思います。30km走をすることで、42・195㎞を走ったときに自分のカラダに一体何が起こるかが、ある程度シミュレーションできるからです。

月間100㎞以上を2か月以上走るようになったら、まずは10㎞のロードレースに出てみます。そしてレースの雰囲気や完走したときの喜びを素直に味わいましょう。「フルマラソンを走り切ったら、もっと感動するだろうなぁ」と想像できるので、やる気も出てきます。

続いて20㎞走をやってみましょう。ひとりで黙々と走るのがつまらないと思うなら、ハーフマラソンに出場してみてください。レースなら水分補給のためのエイドステーションも完備されているので、ひとりで練習するよりもずっと快適です。段階的に距離をのばし、ストレッチなどで必要なケアをきちんとしているランナーならば、20㎞まではおそらく問題なく走れるでしょう。

20㎞走を済ませたら、次はいよいよ30㎞走です。

30㎞走を一度やっておくと、いろいろな発見があります。20㎞では全然痛まなかった部位が、30㎞走になると痛むようになったりします。もしも最長20㎞しか距離を踏んでいなかったとしたら、レース本番では30㎞をすぎたあたりから思わぬ痛みで走れなくなる可能性もあります。事前の30㎞走で自分のウィークポイントを洗い出しておくと、レースまでに筋トレやストレッチなどで弱点がカバーできます。

30㎞走は、フルマラソンで守ろうと思っているペースよりもはるかに遅くて構いません。重要なのは、足を止めずにスタートからゴールまで走り続けることです。最低1本はやっておいてもらいたいのですが、2本、3本とやるほど安全に完走できます。フルマラソンに臨むときも、どの距離で何が自分に起こるかあらかじめわかっているので、余裕を持ってレースが楽しめると思います。

30㎞走は体力を消耗しますから、初心者は本番の1か月以上前までに済ませて体力を回復させておきます。それに、30㎞走でせっかくウィークポイントを発見したとしても、レースまで1か月を切っていると弱点を修正する時間がありません。

万一30㎞走でどこかに痛みが出たとしても、1か月あればリカバリーすることが可能。同じ理由で、30㎞走を2本以上行う場合、練習の間隔は1か月以上空けるようにスケジューリングしてください。

30㎞も孤独に走るのが嫌だというなら、思い切ってフルマラソンの大会にエントリーしてみましょう。30㎞までは足を止めずにマイペースで走ります。そこから先は余力があれば超スローペースで走るか、余力がないと思ったら歩いてゴールします。どちらにしても目指す大会前に予行演習ができていると、本命レースでも実力が遺憾なく発揮できるでしょう。

◎作法六十七――筋けいれんに対処する

筋肉がつることを、スポーツ障害の専門用語で「筋けいれん」といいます。マラソンに向けてハードな練習をしていると、ふくらはぎ、太ももの前側と後ろ前などに、多くのランナーが筋けいれんを体験します。不運にもレース中に足がつる人も少なくありません。

筋肉は運動神経の刺激を受けると縮み、関節を動かして力を出します。運動神経のスイッチが切れると自動的に緩み、元の長さに戻ります。ところが何かの原因でスイッチが切れても緩まずに、収縮を続けてけいれんするのが、筋けいれんです。けいれんはしばらくすると自然に治まりますから、そうしたらストレッチをしてください。けいれんしている最中に、指で押してマッサージをすると、それが刺激になり、いつまでもけいれんが治まらなくなります。また、アイシングで冷やすと筋肉は余計に硬くなり、緩みにくくなりますからアイシングはしないでください。カイロや風呂などで筋肉を温めてほぐしてやるとラクになります。

筋けいれんが起こるメカニズムは完全にはわかっていませんが、いくつかの誘因が考えられます。**もっとも多いのが水分不足。**発汗に見合う水分を補給しないと、エンジンがオーバーヒートして動けなくなるように、筋肉の収縮がうまく行われなくなります。また、ナトリウム、カルシウム、カリウム、マグネシウムなどのミネラルが不足すると、筋肉を流れる血液のイオンバランスが崩れてつりやすくなります。水分補給をするときは、これらのミネラルを含むスポーツドリンクを利用するといいでしょう。**カルシウムは牛乳、カリウムはバナナ、マグネシウムはアーモンドなどのナッツ類に豊富ですから、日々の食事でもこうした食品を意識して摂るよ**

うに心がけてください。

ランニングシューズの靴ひもを強く締めすぎると、血行が悪くなり、けいれんを招きます。レース直前は、つい気合が入って靴ひもをぐっと強く結びがち。普段何ともないのに、レース中に限ってけいれんを起こす人はこのパターンだと思います。

筋肉は冷たいと硬くなり、温かいと緩みます。外気温が低い冬場は、筋肉を温めるウォーミングアップをじっくり行い、けいれんを防ぎましょう。

そうかと思えば、暑い夏場でもけいれんは起こります。ことに発生しやすいのは足。かいた汗が全部上から垂れてきて、その状態で風を切って走っていると汗で濡れたところが部分的に冷えるからです。汗をこまめに拭いたり、吸汗速乾性の優れたインナーやタイツを穿いたりすると、こうした汗冷えによるけいれんが予防できます。

筋肉の柔軟性や筋力が不足すると、筋肉は疲れに弱くなり、ストレスが溜まって筋けいれんが起きやすくなります。ストレッチや筋力トレーニングでつりやすい筋肉をケアしておいてください。

◎作法六十八――疲労を溜めないコツ

タイムを上げようとハードな練習スケジュールを立てると、筋肉の疲れが完全に抜けきれないうちに、次の練習日が来てしまいます。疲労が蓄積すると、筋肉は血行が滞って硬くなり、思ったような練習がこなせません。

それに筋肉に疲れが溜まると、筋けいれんの危険も高まります。やっかいなことに、疲労している筋肉もそうですが、その末端にある筋肉までつりやすくなります。たとえば、お尻の筋肉が疲れていると、そこで血流が滞るので、太ももやふくらはぎの筋肉に血液が巡りにくくなり、連鎖的にけいれんが起こるのです。

筋肉の疲労を回復させるのに欠かせないのは走った後のストレッチですが、ここでは筋肉の疲れを取る手軽な裏技を3つ紹介します。

まずはお湯と水を交互に使う「交代浴」。下半身の疲れを取るのに効果的です。筋肉は、お湯で温められると緩み、水で冷やすと収縮します。これを繰り返すことで筋肉をポンプのように働かせ、血行を改善させて溜まった疲労物質の排出を助けるのです。40～45度のお湯を張った湯船に30～60秒肩まで浸かり、湯船を出たら15～20度の水を下半身のみにシャワーでかけます。これを5～10セット。必ず最初は風呂で温める方を先に行い、最後も風呂で温めて終わるのがポイント。心臓に疾患がある人は、心臓の負担になるのでやらないでください。

続いては氷を使った「クライオストレッチ」。近くの関節に痛みがあり、ストレッチをやりたくても筋肉が思うように伸ばせないときに試してください。

局所的な痛みや疲労があると、その部分の運動神経が過敏になり、筋肉が縮んだままになります。けいれんの一歩手前ですね。そこでアイスバッグ（作法三十九参照）を痛い部分に5～10分当てて冷やしてあげます。そうすると、神経が一時的に麻痺して痛みの感覚がなくなります。その間にストレッチして疲労を取るのです。

最後はプールでの水中ウォーキング。水中では水の浮力で筋肉や関節にかかる負担が軽くなり、筋肉の緊張を和らげます。さらに水深が深いほど高い水圧がかかるので、下半身に溜まった血液を押し上げて全身の血流が良くなり、疲労物質の排出につながります。レース前に疲労を完全に抜きたいとき、レース後に筋肉や関節の痛みがひどくて陸上でストレッチなどができないときにトライしてみましょう。

◎作法六十九——達成感を味わう

フルマラソンを一度走ると、何回でも出たくなります。その原動力は、自分の限界を超えたことによる大きな達成感です。

フルマラソンの距離が30㎞だったら、おそらくこれほどまでに大勢のランナーが虜《とりこ》になることはないでしょう。

ヒトよりも速く走れる動物はいくらでもいますが、ヒトよりも長時間走り続けられる動物はいません。ランニングは、直立二足歩行というユニークな移動手段を身につけたヒトだけの楽しみ。それでも、体内に蓄えておけるエネルギーの量や筋肉がもともと持っているスタミナなどから考えると、元来は30㎞くらいが一度に走れる限界だといわれています。実際それまでは快調に走れていても、30㎞を超えたあたりから、まるで電池が切れたようにガクンと辛くなります。不思議なもので、何回出ても、30㎞の壁はなくならないのです。

こうした限界を乗り超えるために、ランナーは長い時間をかけて走力をアップさせていきます。チューンナップで車の性能を高めるように、走り込みや筋力トレーニングなどで自分の肉体を少しずつチューニングしていくのです。その結果、30㎞の壁を超えて42・195㎞を完走すると、喩《たと》えようのない喜びが得られるのです。

フルマラソンはメンタルとの戦いでもあります。

私自身は、フルマラソンに出るたびに「こんなに苦しいことは二度とご免だ」と思ってしまいます。頭のなかで「ペースを落とそう」「少し歩こう」「足を止めよう」といろいろな誘惑の声が聞こえます。こうした自分の弱い部分に打ち勝ち、完走したときの感動は日常生活ではちょっと味わえないほど。それがあるから、走っている最中は絶対二度と出ないと心に決めても、ゴールした瞬間、また次も出ようと思ってしまう。たくさんのランナーが似たようなことをおっしゃいます。

◎作法七十——東京マラソンを愉しむ

初めてマラソンに挑むなら、ぜひ東京マラソンに応募してください。

東京マラソンは07年にスタートした、日本マラソン界最大のイベントです。新宿の都庁前をスタート。日比谷、銀座、浅草、お台場と、首都東京の目抜き通りを堂々と駆け抜ける爽快感はまた格別です。

09年東京マラソンの参加者は3万5０００人。これだけ大勢の人と同じゴールに向かって走っていると、みんなで力を合わせて何かを成し遂げているという一体感が生まれて走る勇気が湧いてきます。

沿道の観衆が多く、声援が途切れないのも特徴です。とくに銀座のあたりでは観衆が一気に増えて、「こんなにたくさんの人が応援してくれている」と思うと鳥肌が立つくらい感激します。

マラソンというのは面白いスポーツで、沿道の観衆からの声援が大きいとランナーは実力以上の走りを見せることがあります。

新宿・都庁前をスタートする東京マラソンのランナーたち
Photo: YUTAKA/AFLO SPORT

09年の東京マラソンには、およそ26万人が応募しました。走りたくても当選しなかったランナーが大勢いたわけですが、その方々が「私たちの分まで走って！」「ここで歩くな！　リタイアしたらボクたちが許さないよ」と沿道から声援を送ってくれる。途中でリタイアしそうになっても「走りたくても走れない人がこんなにたくさんいる。彼らの分まで頑張ろう」と思ったら、実力以上の力が出せるかもしれない。こんな経験ができるのは、おそらく東京マラソンだけだと私は思います。

◎作法七十一――失敗から学ぶ

09年の東京マラソンに、私はサブスリーを狙って出場しました。サブスリーとは、3時間を切るタイムでフルマラソンを完走すること。ランナーの憧れです。

しかし、結果は3時間23分。前回の東京マラソンより10分も遅いタイムでした。

準備は十分に積みました。前回の大会が終わってすぐに練習を再開。月100～300㎞走って走力をキープしました。タイムを上げるには、脚力や心肺機能などの走力を向上させる必要があります。そこで大会3か月前から、走力アップのための練習に本格的に取り組みました。平日は平均で10㎞、週末は毎週30㎞走りました。仕事もセーブして前回よりも練習したのに、タイムが落ちて正直ショックでした。

今回、私はフルマラソンというスポーツの難しさを改めて感じました。

最大の失敗は、調整を誤って疲労が抜け切らないまま走ったことです。

私は4～5日休養すると走力がガクンと落ちてしまうタイプ。トレーナーとして疲労回復の重要性は理解しているつもりですが、休みすぎて走力が落ちると3時間を切るという目標が叶《かな》いません。大会までの間、練習と休養のバランスを取りながらトレーニングしてきました。しかし、いちばんきついレースペースより少し速めの30㎞走を、仕上げとして大会1か月前にもってきたところ、その疲れがいつまでも抜けなかったのです。結局大会前日になっても完全に疲労が抜けませんでした。あと4、5日あれば復調できたのですが、もう一歩のところで間に合いませんでした。前回は30㎞をすぎてから急にペースが落ちたので、毎週計12回の30㎞走を入れたのですが、結果的にオーバートレーニングになってしまったようです。

練習法は、本を読み、ランニングクラブのコーチに相談して組み立てました。その通りに練習をこなしたつもりですが、**誰にでも通用する万能の練習法はないのだと改めて痛感**。この体験を生かして自分なりの練習プランを練り直し、次の大会で3時間を切るために練習をしているところです。

大会当日極度に緊張していたことも反省材料です。

練習を積めば積むほど、3時間を切りたいという意欲が増してきます。これだけ練習したのだから絶対切りたい。でも切れなかったらどうしよう……。そんな不安と緊張で、当日の朝は手の震えが止まらなくなりました。こんなに緊張したのは、水泳選手時代、大事な大会でプールのスタート台に立って以来です。

緊張が抜けない状態でスタートしたので、筋肉がスムーズに動きません。これは心理的な緊張から来るものだとわかっていながら、しばらくはどうすることもできない。力を抜いてリラックスして走ることの大切さが骨身にしみました。

◎作法七十二――声援の魔力を実感する

25kmまでは予想通りのタイムで行きましたが、25kmをすぎてから、ペースが落ち始めました。予想では35kmまで持つと思っていたので、内心ショックでした。でも足はつる寸前で、ペースは上がらない。気分が滅入ってブルーになると、筋肉がもっと緊張して動きが悪くなります。悪循環ですね。

そのとき私のランニング仲間が沿道から「中野さん!」と声をかけてくれました。その瞬間、もう限界だと思って走っていたのに、ペースが上がったのです。それからも何度もたくさんの温かい声をかけてもらい、おかげで苦しみながらも有明のゴールにたどりつきました。

仲間はみんなマラソン経験者なので、後半ほど苦しくなることは承知しています。ですから、25㎞すぎから、私に声援を送るために待機してくれていたのです。当日は雨も降り、風も強い、あいにくの天候でした。そんな悪天候でも必死に応援してくれる友人たちの姿を見て、私は不覚にも泣いてしまいました。

東京マラソンで沿道から声援を受け振り向く著者

声援を受けるとペースが上がる。不思議な現象ですが、これは多くのランナーが経験しています。マラソン選手がレース後に「沿道の声援から元気をもらいました」とコメントしますが、あれは社交辞令でも何でもなく、真実なのです。

◎作法七十三――目標に向けて練習を積む

サブスリーを目指すにあたり、私はペースメーカーをつけました。ペースメーカーとは、ランナーと一緒に走りながら、ペースを整えてくれるランナーのこと。給水時には水を取ってくれたり、走りやすいコースへ誘導してくれたりします。

私のペースメーカーを務めてくれたのは、順天堂大学陸上競技部の出身で、いまは、ある高校の駅伝部のコーチをしている畦田《うねた》恒洋さんです。普通はお金を支払って依頼するものですが、畦田さんは「やりがいがあるからやらせてください。お金をもらうならやりません」とおっしゃってくれて、ボランティアで私のチャレンジに協力してくださいました。

ゴールした瞬間、畦田さんは「せっかくのチャレンジだったのに、引っ張ってあげられなくて申し訳ないです」とおっしゃってくれました。タイムがのびなかったのは、調整ミスや緊張などすべて私の責任です。それなのに責任を感じて言葉をかけてくださった畦田さんの優しさに、私は心を動かされました。

スタート直後の５㎞から辛くて、足は全然動かないし、呼吸する筋肉も痛い。少しでも息を大きく吸ったら、全身がけいれんするのではないかと思うくらいの痛みが続きました。さっきまでは「さすがにもう終わりにしよう」と思っていたのに「サブスリーへの挑戦は続けるので、付き合ってください」とその場で畦田さんに頼んでいる自分がいました。

ゴール後、着替え室までよちよち歩きでしか歩けない。シューズのひもさえ自分ではほどけない有り様なのに、次にまたチャレンジしたいと思う。満足に練習をせずに、辛い思いだけをしたら、二度と出ないと思うかもしれません。でも、ちゃんと目標に向かって練習を積んだのにクリアできなかった人は、もう1回チャレンジしたくなります。そしてひとつの目標を乗り超えたら、それが自信になり、また次はもっと速く走ろうと思う。この繰り返しでマラソンは一生続けられるスポーツなのです。

◎作法七十四――安全にマラソンに挑む

東京マラソンの開催直前、イベントで私はスポーツ障害予防の講演会を行いました。講演後、ランナーを対象とした相談会を開いたところ、数多くの方が並んでくださいました。さまざまな悩みを聞くなかで、私がいちばん悲しかったのは、「東京マラソンにせっかく当たったのに、痛みがあって辛い」という相談でした。「せっかく走れるのに足を着くだけでも痛い。今から何とかなりませんか」「鍼灸、整体と転々としたけれど、ケガが治らない。答えが見つからない」

みなさんすがるような思いで私に相談してくるのです。

フィジカルトレーナーとしての本音をいうと「そんなに痛みが強いのなら走らない方がいいです」と出場を止めたいところですが、それでは本人たちがあまりに可哀想。自分もマラソンランナーなので、練習を積んだのに走れない悔しさ、悲しさは痛いほどわかります。ですから「とりあえず出て、途中歩いてもいいから行けるところまで行きましょう。リタイアしてもいいじゃないですか」と助言するのが精一杯でした。そして彼らにお願いしたのは、東京マラソンが終わったら、もう一度イチからカラダ作りに取り組むこと。まずは勇気を振り絞り、1～2か月は完全休養します。安静にして傷んだ筋肉やまわりの組織が修復する時間を作ってあげる。それから医療機関で少しずつリハビリに取り組みます。

足を着くだけでも痛いなら、プールでの水中ウォーキングからスタートして、路上のウォーキング、軽いジョギングと徐々に走り出す。痛みの原因がどこにあるかを医師やトレーナーに見てもらい、筋力のバランスを整える筋力トレーニングや、障害予防のためのストレッチに取り組んでください……。そうアドバイスすると、みなさん「やります！」といってくださいました。

一度傷んだカラダを元に戻すには、時間がかかります。フルマラソンを気持ち良く走り切るには、回り道のようでも、本書で紹介したようにカラダをケアしながら慎重に練習することが大切。ホップ、ステップ、ジャンプではなく、ステップバイステップで一歩ずつ前に進みましょう。

おわりに

本書はこれまで七十四のランニングの作法を紹介してきました。これが最後、七十五番目の作法です。

ランナーにとって聖地とされる皇居。周回するランナーが増え、周辺にある銭湯が大盛況するという現象も起きています。平日の夕方から夜にかけては、仕事を終えたランナーたちが大勢集まり〝渋滞〟してしまうほど混雑します。周辺のオフィス街が閑散とする週末でさえ、マラソン大会でも開催されているのかと見間違えるほどランナーであふれ返ります。

ランニングチームやラン友同士で気持ちよさそうに走っている一方で、汗だくで苦しそうな表情で走っている人もいる。そんな人間の躍動感に触れられる光景が、私は好きです。

しかし、近ごろそんな微笑ましい光景をかき消してしまう悲しい現状を目の当たりにします。ランナーたちが去ったあとのゴミです。ペットボトルやサプリメントの包み紙など、皇居周辺のゴミの多さには驚かされるとともに悲しくなります。

さらにランナーたちのマナーにも問題があります。ひとつは歩行者へのパッシングです。ランナーは自分のペースを崩さずに走りたいもの。その気持ちは十分にわかります。そもそも皇居までわざわざ出向いて走るのは、都心にいながら信号で立ち止まることなく、1周およそ5キロの距離を走れるからでしょう。

とはいえ、皇居周辺の歩道は公道であり、ランナー専用の練習場ではありません。歩行者を追い抜くときには、「すみません」「失礼します」「ありがとうございます」といった言葉をかけるのがマナーです。息が上がって苦しいときでも、少なくともお辞儀だけはしましょう。それが公道を走るランナーとしての作法です。皇居周辺の歩道はランナーの聖地であっても、ランナーだけのものではありません。一般の歩行者やウォーキングを楽しんでいる方々とうまく共存していきたいものです。

3回目となった2009年の東京マラソンには、定員3万5000人に対し、参加申し込みが26万人で、競争率は7倍強にも上ったそうです。この競争率は年々高まる一方で、空前のランニングブームとなっています。しかし、「走る」という単純な運動が、なぜこれだけの人を虜にするのでしょうか。自ら東京マラソンに参加し、トレーナーとしてクライアントに日々アドバイスするなかで、この問いに対する答えを考え続けていますが、的確な答えはいまだ見つけられないままです。

トレーナーの私でも挫折することもあるし、苦しいこともしょっちゅう。しかし、一時でも感じられる爽快感、達成感は走った人でないと味わえない格別のものです。まだ走り始めていない人は、まずは走り始めてください。その先で、きっと何かに気づくはずです。

本書を刊行するにあたり、多くの方々にご協力いただきました。

いつもランニングのイベントやトークショーでご一緒させていただく増田明美さん。お忙しい中、心のこもった素晴らしい帯文をいただき、ありがとうございます。

ランニングシューズの章を中心に監修してくださったアディダスジャパンの山本真一郎氏、同じく画像の手配などしてくださった下村悠美氏。お忙しい中、文字通り「親身」になって協力してくださったことに心から感謝いたします。

また、いつも執筆が始まると愚痴ってしまう私に、文句ひとつ言わずにサポートしてくれるスポーツモチベーションの広津、佐藤、森本、小玉には、足を向けて寝られません。ありがとう。

そして、この膨大な内容を原稿としてまとめてくださった私の最も信頼するお二人、ライターの井上健二氏、ソフトバンク クリエイティブの斎藤順氏に感謝します。

最後に私のランニング人生に大きな影響を与えてくれた友人たち、「川良さん、下井さん、宇田川さん、山内さん、河野さん、石崎さん、安喰さん、畦田さん、白戸さん、市橋さん、片岡さん、伊達さん、萩尾さん」――みなさんからいただいた言葉が本書の随所にちりばめられています。心から感謝いたします。

2009年9月

中野 ジェームズ 修一

参考文献

宮下充正著『ウォーキングブック』（ブックハウス・エイチディ）
宮下充正著『トレーニングの科学的基礎　現場に通じるトレーニング科学のテキスト』（ブックハウス・エイチディ）
山本利春・吉永孝徳共著『スポーツアイシング』（大修館書店）
日本臨床スポーツ医学会学術委員会編『ランニング障害』（文光堂）
アメリカスポーツ医学会編『運動処方の指針　運動負荷試験と運動プログラム』（南江堂）
『メディカルトリビューン』２００８年7月17日号（メディカルトリビューン）

著者略歴

中野 ジェームズ 修一

パーソナルトレーナー／フィットネスモチベーター。

効率的で、かつ継続させる独自の指導法で、プロテニスプレーヤーのクルム伊達公子氏をはじめ、数々のトップアスリートからモデルまで絶大な信頼を得る（予約は２～３年待ち）。『TARZAN』（マガジンハウス）、『FRaU』（講談社）など、雑誌でのエクササイズの監修は200冊を超え、全国での講演活動も年間60本を超える。

著書に『続けられる！ 大人のrunning』（成美堂出版）、『バランスボールの基本レッスン』（主婦の友社）、『体が若返る10の生活習慣』（ソフトバンク クリエイティブ）など。

アメリカスポーツ医学会ヘルスフィットネススペシャリスト／全米エクササイズ&スポーツトレーナー協会プログラム開発アドバイザー／早稲田大学エクステンションセンター講師／日本健康心理学会認定健康心理士／アディダス契約アドバイザリー
ホームページ：www.sport-motivation.com

ソフトバンク新書　111

ランニングの作法《さほう》

ゼロからフルマラソン完走《かんそう》を目指《めざ》す75の知恵《ちえ》

2009年9月28日　初版第1刷発行

著　者：中野《なかの》 ジェームズ 修一《しゅういち》

発行者：新田光敏
発行所：ソフトバンク クリエイティブ株式会社
〒107-0052　東京都港区赤坂 4-13-13
電話：03-5549-1201（営業部）

編集協力：井上健二
イラスト：牧野良幸
写　真：相川大助、スポーツモチベーション
装　幀：ブックウォール
組　版：アーティザンカンパニー株式会社
印刷・製本：図書印刷株式会社

落丁本、乱丁本は小社営業部にてお取り替えいたします。定価はカバーに記載されております。

本書の内容に関するご質問等は、小社学芸書籍編集部まで必ず書面にてご連絡いただきますようお願いいたします。

ISBN 978-4-7973-5377-8

ソフトバンク新書